NOS DIPLOMATES

ET

NOTRE DIPLOMATIE

Étude sur le Ministère des Affaires étrangères

Par M. Louis HERBETTE

Avocat à la Cour de Paris,
ancien Rédacteur au *Journal Officiel*

PRÉCÉDÉE

D'UNE PRÉFACE DE M. E. PICARD

Membre de l'Assemblée nationale, ancien Ministre plénipotentiaire

ET SUIVIE

Des Rapports présentés par M. E. ARAGO

au nom de la Commission des Services administratifs

et par M. de RAINNEVILLE

au nom de la Commission du Budget de 1875

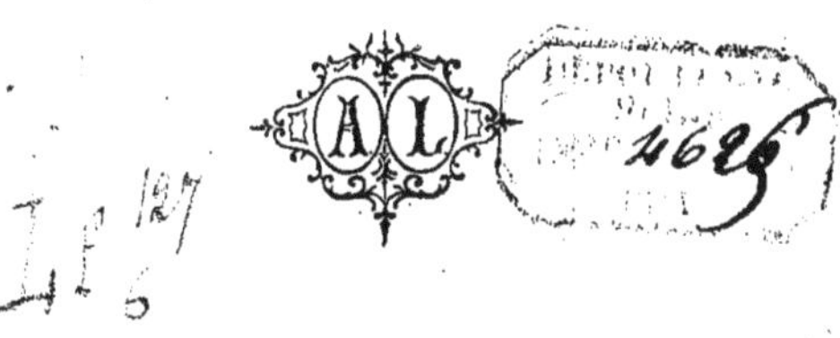

PARIS

LE CHEVALIER, ÉDITEUR, RUE DE RICHELIEU, 61

1874

PRÉFACE

Les conditions de la diplomatie en Europe ont
subi, depuis un demi-siècle, de profondes modifications. Les questions, les influences, les moyens
d'action, tout est nouveau; tout le serait du moins,
si les choses humaines, en variant de forme, n'of-
fraient, dans leur essence même, le spectacle d'une
perpétuelle et inévitable répétition.

Dans son livre, qui a pour titre *Nos Diplomates
et notre Diplomatie*, M. L. Herbette trace de la
diplomatie moderne un tableau exact, qu'il résume
ainsi : « La politique et la science, les institutions
modernes et les inventions industrielles, la souveraineté nationale et les chemins de fer, les parlements et la poste, la presse et le télégraphe, ont
gâté le métier de diplomate. »

Il dit vrai. Le dernier mot cependant est-il bien juste? Le métier est-il gâté, ou relevé ? C'est affaire de goût, et nous ne trancherons pas la question ; mais, avec l'auteur, nous aimerons mieux rechercher ce que les circonstances présentes exigent de réformes pour assurer à notre diplomatie l'autorité et la clairvoyance, qui doivent être ses qualités maîtresses.

Cette étude vaut bien la peine de retenir les esprits sérieux, et il faut louer M. L. Herbette de l'avoir entreprise. De toutes les réformes, la plus pressante, la plus opportune, est celle qui nous fera le mieux connaître les nations étrangères et qui nous préservera des illusions trop flatteuses auxquelles nous nous abandonnons si volontiers.

Reçus par nous, parlant notre langue, empruntant nos lois, les étrangers connaissent souvent mieux que nous notre histoire, nos passions, les conditions de notre force et de notre faiblesse. C'est à notre diplomatie de nous apprendre sans cesse ce que nous sommes si enclins à ignorer.

Comment la France s'est-elle trouvée, à un moment, privée de toute alliance, réduite à ses seules ressources et livrée, presque sans défense, aux armées formidables que la Prusse organisait ouvertement depuis plusieurs années? Comment nos ministres n'ont-ils su rien prévoir? Pourquoi, s'ils ont averti, n'ont-ils pas su se faire écouter? Ces questions nous intéressent, on en conviendra, et il est aussi utile de pénétrer dans le sanctuaire du quai d'Orsay que de visiter nos arsenaux en détresse.

Entrons donc hardiment, interrogeons les faits; soyons justes avant tout, et reconnaissons que si tous les rapports avaient été lus, si les dépêches les plus graves n'étaient pas tombées en oubli, l'ignorance qui nous a perdus eût été moindre.

Mais, pour ne pas imiter ces enquêtes étranges, où l'on se complaît à décrire les effets du mal sans en chercher les causes, nous nous demanderons en même temps quelle est la part de responsabilité des agents, quelle est celle de l'institution.

C'est ce que fait M. L. Herbette; il étudie et il conclut. Il appelle des réformes; il veut que la carrière diplomatique s'ouvre au mérite et se poursuive par le travail; il désire que les grands noms ne soient pas dispensés de faire leurs preuves, et que notre pays ne montre au dehors que des sujets d'élite.

Tout le monde s'associera aux généreuses pensées qui dictent ces vœux, et suivra avec un vif intérêt la discussion des questions pratiques qu'il faut résoudre, pour les réaliser.

M. L. Herbette examine le rapport déposé par M. Arago, au nom de la commission parlementaire des services administratifs, sur l'organisation du département des affaires étrangères. Il en adopte les vues principales et traite les détails intimes de ce grave sujet. Il faut lire *La querelle des diplomates et des consuls*, et les chapitres qui ont pour titre *Le corps consulaire, L'union des carrières*. On peut différer d'avis sur quelques points avec l'auteur, il est impossible de ne pas rendre complète justice à la convenance comme à la justesse de ses critiques.

Le corps diplomatique est à peu près fermé au corps consulaire. Deux directions distinctes établissent dans ce personnel, que tant de liens unissent, une profonde ligne de démarcation. Les chancelleries renferment de modestes employés, aussi laborieux que mal rétribués. Est-il impossible d'élargir les bornes de leur avenir, et de stimuler par l'espérance leur ardeur au travail? Colbert n'était qu'un commis; il a pu devenir ministre; il pourrait difficilement parvenir aujourd'hui dans la carrière diplomatique. Faut-il confesser qu'en retour, de jeunes attachés arrivent souvent par une voie trop douce et trop facile? Soutenus par le crédit de leur nom et de leurs familles, ils rencontrent peu de rivaux et ne sont pas assujettis aux fortes et longues études. Les règlements leur imposent des grades et des diplômes dont la tolérance ministérielle leur fait remise. Les uns vivent loin de la France, y reviennent rarement, et se détachent intellectuellement du pays qu'ils représentent; les autres ne quittent pas les rives de la Seine et ne connaissent l'étranger que par les livres; ceux-ci cependant correspondent avec les premiers. Comment pourraient-ils bien se comprendre? Dites qu'un roulement doit faire, tous les deux ou trois ans, sortir les stagiaires de la diplomatie des bureaux, pour les faire passer dans les postes du dehors, vous ne serez contredit par personne; c'est une mesure juste et nécessaire; elle est approuvée, mais non exécutée. — Les directeurs politiques l'ont tous voulue, mais sans succès.

Cet abus ne s'arrête pas aux attachés; des secrétaires d'ambassade ont parfois conquis leurs grades dans le cabinet, tandis que leurs collègues restaient durant de longues années éloignés de France.

Ne serait-il pas équitable de compter comme des campagnes aux fonctionnaires ces années d'absence, et de les rapprocher, à des intervalles fixes, de leurs chefs, pour permettre à ceux-ci d'apprécier leurs services, de vérifier leurs aptitudes ?

Ne convient-il pas de donner au corps consulaire une entrée dans le corps diplomatique; de les réunir sous une même direction, de fondre ou de mieux associer leur personnel respectif?

Pour donner à ces réformes et à bien d'autres l'être et la vie, que faut-il?

Des lois? non ; des décrets? non; des règlements? non : lois, décrets et règlements abondent ; mais il faut cette volonté ferme et inexorable de mettre chacun à sa place, d'écarter le favoritisme, les molles complaisances, et d'administrer avec esprit de justice, en classant les hommes suivant leur mérite et leurs œuvres.

Le grand moteur de tout progrès sérieux, c'est la justice. « Vous voulez être libres et vous ne savez pas être justes, » parole éternellement vraie qu'il faut toujours méditer. La liberté n'existe pas par elle-même ; elle est le fruit de la justice. C'est par la justice que s'obtiennent, dans une administration bien dirigée, le travail et le dévouement qui font la force des États.

Le ministre des affaires étrangères qui voudra réaliser, dans son département, de sérieuses économies et d'indispensables réformes, est condamné à une inflexible justice. Il s'entourera des hommes les plus éminents dans les sciences historiques et politiques ; il demandera leur concours, et après avoir créé au centre une féconde et puissante direction, il régénérera par le travail, par les épreuves graduelles, son personnel ; il prendra dans tous les rangs, en donnant au mérite reconnu les premières places ; il empruntera au *Foreign Office* de Londres l'usage intelligent de publier les travaux sérieux de ses agents.

Tous les rapports, toutes les dépêches seront exactement lus et appréciés, et l'émulation stimulera incessamment le zèle des jeunes attachés.

C'est ainsi que notre diplomatie, sans rien perdre de ses grandes traditions et en conservant ses qualités aimables, se tiendra à la hauteur des exigences du temps présent et ne sera plus exposée à ne pas prévoir les dangers qui peuvent menacer la France, ou à ne pas pouvoir faire lire les rapports qui les dénoncent.

M. L. Herbette a été bien inspiré en conseillant ces réformes. Nous ne voulons pas exagérer les critiques ; mais, sans être sévère, on conviendra qu'il y a quelque chose à faire. L'œuvre demande une main aussi habile que ferme, et les changements doivent s'opérer plus encore dans le fond des choses que dans la forme. De ce côté, en effet, les questions d'étiquette internationale imposent d'assez grandes réserves. Notre corps diplomatique ne peut être modifié dans ses attributions, comme dans son attitude extérieure, qu'à la condition de garder vis-à-vis des représentants des puissances étrangères une situation égale. Il a fallu le radicalisme des Américains pour dispenser leurs ministres de l'uniforme ; les nations les plus avancées ont reculé jusqu'ici devant l'introduction de l'habit noir dans les rangs chamarrés des représentants des deux mondes.

Des raisons plus graves commandent également de ne pas suivre, dans toutes les régions, la même conduite. Dans les États de l'Europe et de l'Amérique, la valeur intellectuelle et morale du fonctionnaire, ses qualités personnelles font son prestige ; en Orient, et dans les lieux où la civilisation moderne n'a pas pénétré, il peut en être autrement, et les règles anciennes seront encore utilement observées. Mais ces exceptions ne changent pas l'opinion que nous avons pris la liberté d'exprimer sur la nécessité de promptes et importantes réformes.

Par elles, le diplomate sera ce qu'il doit être : un homme d'État, chargé d'une mission à l'extérieur, capable de tout comprendre et de tout faire entendre; appelé dans les conseils de son gouvernement, exerçant sur la politique de son pays une action efficace.

D'où venait ce ministre qui a eu, dans ces dernières années, une si considérable influence sur les destinées de l'Europe? Où avait-il appris le secret des divisions des grandes puissances, des terreurs faciles à exploiter? Où avait-il pu connaître à fond l'état politique et moral du continent? C'est comme diplomate, à Francfort, à Saint-Pétersbourg, en France, que M. de Bismarck a vu de près et a arrêté ses résolutions. Mieux que nous, il a mesuré nos idoles, et il en a connu toute la fragilité. Il nous a fait expier cruellement nos illusions en apportant à son pays l'appui décisif de son expérience.

La diplomatie moderne peut donc avoir de grands états de service, — il ne nous est pas permis de le nier; mais elle ne peut rien sans posséder au plus haut degré le discernement que donne seule la compétence. Son rôle est de savoir, mais non comme le nouvelliste, qui épie, qui recueille plus ou moins heureusement les bruits du dehors et les transmet indifféremment. La France aurait pu pardonner à ses ministres d'ignorer les démarches faites pour la candidature du prince de Hohenzollern en Espagne; mais ces mêmes ministres ont été inexcusables de supposer qu'il était possible d'imposer au roi de Prusse, après la renonciation de ce jeune prince, des engagements qu'il ne pouvait pas accepter et qui rendaient la guerre inévitable. Les causes premières des grands malheurs sont les fautes de jugement; les événements, pris de haut, dépendent de nos opinions encore plus que de nos actes, et le hasard n'y tient pas la grande place qu'on lui accorde trop facilement.

La diplomatie dont nous souhaitons l'avénement exigera de ses agents un jugement sûr, une science éprouvée, une intelligence incontestable. Elle pourra revenir aux grands noms de notre pays, mais elle ne leur appartiendra pas de droit ; son seul domaine sera le travail, le mérite et le patriotisme.

Je voudrais m'arrêter ici, mais le sujet ne le permet pas. Qui pourrait comprendre une politique extérieure indépendante de la politique, une diplomatie indépendante du gouvernement du pays ? La mission du diplomate est de représenter cette politique, de se pénétrer de son esprit; il doit toujours être prêt à la définir et à la défendre. Elle reste frappée d'impuissance si elle ne peut parler au nom d'un gouvernement reconnu. Une nation qui oublie cette vérité se condamne elle-même à la déchéance.

Les gouvernements d'ancien régime n'en doutent pas et ils en expriment les dernières et excessives conséquences en soumettant au serment leurs fonctionnaires, et en mettant au-dessus de toute contestation leur principe.

Ils pensent, non sans raison, que ce sont là des conditions essentielles d'existence et de durée pour le pouvoir ; et c'est une habileté perfide, de leur part, que de les refuser à la république dès qu'ils se trouvent en sa présence.

Sous le nom de trève des partis, entretenir la division, enchaîner sous des bannières séparées les forces dont l'ensemble est nécessaire pour faire la large base d'un gouvernement, c'est un conseil que Machiavel n'aurait pas négligé de donner pour ruiner une république.

Tel est l'état de la France depuis trois ans. Après nos revers, il était permis d'espérer que les partis abdiqueraient, et que, guidés par leur patriotisme, ils concourraient à l'œuvre de régénération de la patrie. Cette illusion généreuse s'évanouit bientôt ; l'année 1871 n'était pas terminée que les prétendants reparurent. De la trève promise, il ne resta que le droit reconnu à tous de répudier la république, de démontrer dans la presse et dans le Parlement quelle était haïssable et impossible.

Les élections se transformèrent en manifestations où la forme du gouvernement fut mise aux voix.

Dans tout autre temps, et si nous n'avions subi les douloureuses épreuves de la guerre et de la Commune, la conclusion logique de cette situation serait la guerre civile. Les partis, au lieu de se fondre pour créer et soutenir un gouvernement, agissent à l'exemple d'armées en campagne, ils ne cherchent pas à concourir au bien public, mais à s'entre-détruire mutuellement. La patrie est leur champ de bataille, les élections sont des manifestations de guerre, et les candidatures deviennent de véritables projectiles.

Un publiciste fameux a dit un jour : « Quand les libéraux sont au pouvoir, je leur demande la liberté, parce que c'est leur principe ; quand ils ne sont plus au pouvoir, je la leur refuse, parce que c'est le mien. »

Ainsi font les monarchistes ; ils ne laissent pas discuter le principe de leur gouvernement ; mais ils discutent, ils répudient ouvertement le principe de la république, sous le gouvernement de la république.

Profitant habilement des scrupules qui attachent à des doctrines quelquefois excessives les oppositions portées au pouvoir, ils en exagèrent les, conséquences, pour enlever au gouvernement qu'ils veulent frapper les moyens de vivre et de se défendre.

Les esprits frivoles prétendent que tous les gouvernements se ressemblent, et que toutes les révolutions avortent ; c'est une proposition téméraire, et il n'est pas besoin de démontrer qu'il existe entre l'ancien régime et le nouveau de notables différences. Mais il est vrai de dire que tous les gouvernements ont des devoirs identiques et obéissent à des nécessités permanentes. La république n'est pas soustraite à cette loi ; elle ne peut durer qu'à la condition de donner l'ordre, de faire respecter les lois, d'assurer à tous la propriété, la sécurité et le droit.

On ne peut nier qu'elle ait fait ses preuves, et dans les plus grandes crises sociales, c'est sous son drapeau que l'ordre a triomphé.

Quand elle sera fortement établie, sur le principe de la séparation des pouvoirs, quand elle aura dominé les intérêts qui lui font une guerre aussi acharnée qu'astucieuse, elle étonnera peut-être le monde par sa solidité et par sa puissance gouvernementale.

La fiction de l'irresponsabilité du chef de l'État, qui n'a préservé la monarchie d'aucune révolution,

disparaissant avec la république, le régime parlementaire subira nécessairement une heureuse et
profonde transformation ; son autorité grandira par
la suppression du pouvoir royal ; ses agitations se
calmeront parce que des responsabilités sérieuse-
ment réglées feront disparaître l'antagonisme des
pouvoirs, et écarteront des Assemblées délibérantes
le soin dangereux des ingérences administratives.

Cette organisation ne sera pas sans doute réalisée
complétement dès les premiers jours, et il faudra
compter longtemps encore avec les opinions faites
et les habitudes établies. Mais il suffit d'avoir suivi
les assemblées soit avant, soit depuis la république,
pour être convaincu que le dernier mot n'est pas
dit sur les rapports des pouvoirs entre eux, et sur
le règlement de leurs attributions.

Est-il donc défendu d'espérer qu'un jour nous
pourrons voir une Assemblée grave et recueillie
délibérant en paix sur les grandes questions de lé-
gislation générale?

Le chef du pouvoir exécutif, nommé par les
représentants de la nation, soumis à leur haute cen-
sure, serait jugé dans ses actes à des époques fixées
d'avance ; mais, étant soumis à une responsabilité
réelle, il resterait plus libre dans son action que ne

l'était le pouvoir monarchique lui-même. L'Assemblée renoncerait aux séances théâtrales, aux énervantes émotions du pouvoir disputé chaque jour, mais elle exercerait une autorité incontestable et souveraine, dans les limites qu'elle se serait tracées elle-même.

La monarchie constitutionnelle a jeté un grand éclat, il ne faut pas être ingrat pour ses bienfaits. Elle a, par de prodigieuses fictions, fait vivre parallèlement les principes rivaux de la royauté et de la souveraineté nationale ; mais ses ressorts ont été violemment brisés, et sans parler des divisions de ceux qui la représentent, il semble bien difficile de la restaurer entre la démocratie, qui est partout, et le suffrage universel, qui s'impose à tous, même à ses adversaires.

La république met la réalité à la place de la fiction ; elle reconnaît sans partage la souveraineté nationale, et courbe sous sa loi tous les partis sans les humilier ; elle n'en proscrit aucun, mais elle est tenue de se faire obéir et respecter par tous.

Le représentant de la France à l'étranger qui parlera au nom d'un pareil gouvernement est sûr d'être écouté. De l'aveu de tous, la plus incontestée des monarchies trouve dans son sein des républicains et des idées républicaines, et compte avec les

nations qui ont su se plier à cette forme de gouvernement, aussi ancienne que le monde.

La république est aux États-Unis, on sait avec
quel éclat; en Europe, le système représentatif est
partout, et il y a peu de différence entre certains
premiers ministres et un président de république.
Les alliances sont fondées sur les affinités d'intérêt
beaucoup plus que sur les rapprochements de famille. L'histoire nous dit assez haut ce qu'il en a
coûté aux plus grands princes pour mettre en oubli
cette vérité élémentaire.

Le diplomate moderne n'aura donc pas la même
tâche que ses ancêtres; mais sa mission est, suivant
nous, bien plus haute. Il montrera quelle place plus
grande tiennent, dans le gouvernement républicain,
le respect des traités, les considérations d'humanité et de philosophie, le droit des gens.

C'est une erreur de penser que placé sur ce ter-
rain le diplomate républicain soit inférieur à ses
collègues. Nous comprenons son embarras, il est
vrai, si, désavouant le gouvernement qu'il sert, do-
cile aux préjugés qui valent à la république tant
d'ennemis, et aux républicains tant de détracteurs,
il acceptait un rôle et tenait un langage équivoques.
Mais sa faiblesse ne serait pas due à la république;
elle aurait pour cause sa propre indignité. Ce serait

une félonie que de désavouer le gouvernement qu'on est chargé de représenter et de défendre ; si la république n'exige pas les mêmes engagements que les autres gouvernements, la morale et la probité politique n'autorisent pas contre elle ce qu'elles ont flétri dans tous les temps.

C'est en étudiant les conditions de la diplomatie moderne et de la politique extérieure, que nous sommes inexorablement ramenés à cette vérité trop longtemps oubliée, que la République ne peut être, sans un grand péril pour la nation, livrée aux menaces et aux compétitions des partis.

Ernest PICARD.

Paris, 1er juin 1874.

INTRODUCTION

Il y aurait fort à dire sur notre diplomatie, hélas !
et sur nos diplomates, qui ont tant fait parler
d'eux. L'histoire nous dit que les rois de France
eurent les premiers une diplomatie régulière, et
longtemps cette diplomatie a fait école en Europe ;
mais le temps est venu, temps de déveine, comme
on dit, pour la monarchie, où elle n'a plus semblé
faire que des écoles.

Apparemment, sa réputation a survécu à son
génie ; car, jusqu'à la fin de l'empire, quel prestige avait encore sur tous les bourgeois de France
ce seul mot de diplomatie ! Nos diplomates, parlant tous naturellement la langue de Talleyrand,
se croyaient tous d'habiles gens, et le gros public,
facilement dupe jusqu'à ce qu'il soit victime, les
en croyait sur parole. Pouvait-on contempler sans
une déférence mêlée de quelque admiration ces personnages solennels, dont le ton mesuré et discret,

soit qu'il y eût ou non quelque chose à taire, les causeries les plus sincèrement banales ou le silence le moins savant, semblaient cacher des trésors de science et de sagesse, des méditations constantes et de profonds desseins? L'imagination populaire ne se figurait-elle pas ces champions de la France toujours rangés en bataille et faisant des merveilles de tactique autour d'un tapis vert? Enfin, ne portent-ils pas en poche la guerre ou la paix, le sort des rois et des empires? N'excellent-ils pas à supprimer d'un mot un peuple, à façonner un État d'un trait de plume, à marquer les frontières, à partager les continents? Entre les forts et les faibles, les vainqueurs et les vaincus, n'apparaissent-ils pas, dans les crises suprêmes, comme les arbitres du destin et les sauveurs de l'humanité?

Les événements ont éclaté; le réveil a été cruel; la stupeur, puis la fureur, immenses. Le public affolé s'en est pris à tous du malheur qui l'accablait, et, entre tous, aux diplomates. Il n'a pu leur pardonner leurs fautes ni son erreur, et les fautes de quelques-uns sont retombées sur tous. Les secrets se découvraient, le voile se déchirait. Brusquement ouverts, les yeux ont plongé jusqu'en l'arche sainte; et qu'a-t-on cru découvrir, grand Dieu? qu'elle était vide! Ceux qui admiraient tout de confiance, par défiance ont tout maudit. On ne parlait que de tout défaire, de tout refaire, et, en diplomatie comme en gouvernement, de faire table rase et maison nette.

Aujourd'hui, la grande colère est tombée, le bruit s'est éteint ; on s'est lassé de crier et l'on ne songe guère aux diplomates et à la diplomatie : on a d'autres lièvres à courir.

Il serait pourtant naïf de supposer, là comme ailleurs, que tout est redevenu parfait, parce que rien n'a changé de ce qu'on jugeait hier détestable. Non, rien n'a changé que quelques hommes, et c'est dans le système qu'il faut surtout chercher le mal et le remède.

S'agit-il, d'ailleurs, d'un seul service public à réorganiser ? Armée, marine, instruction publique, finances, tous réclament un travail obstiné. Régénération, tel a été, pendant un an, le cri de la nation et sa devise. Le mot est déjà vieux ; — il fait rire — ou pleurer. Faudra-t-il donc que les terribles leçons restent perdues, et que la secousse qui nous a presque brisés nous rejette plus profondément dans l'ornière ? Faudra-t-il que les périls partout révélés disparaissent à nos yeux, et que nous continuions, comme devant, notre route, oublieux de la veille, insouciants du lendemain ?

La foule est ainsi faite, dira-t-on. — Assurément, et c'est son droit. Absorbée par les travaux et les soucis de la vie quotidienne, elle n'a pas charge d'administrer ni de gouverner Que les classes qui s'appellent dirigeantes, que les hommes qui ont autorité et compétence pour gérer, en quelque portion, les intérêts généraux du pays, se mettent résolûment à l'œuvre. C'est pour eux l'œuvre conservatrice, car il s'agit de conserver leur rôle dans la société. Sera-t-il dit et veut-on laisser dire que la France ne peut se réorganiser que par la main d'un dictateur appuyé sur les masses? Voilà qui touche à la question politique et, tout ensemble, à la question sociale.

Rendons hommage aux membres de l'Assemblée qui ont pris à cœur la restauration, — (nous ne parlons pas de vous, messieurs les députés voyageurs pour Frohsdorf), — la restauration nationale, et qui ont résolu de préparer la révision des services publics. L'Assemblée, s'associant au vœu présenté par M. Lamy (encore un républicain), a nommé une commission générale d'examen, et les commissaires, après s'être partagé la besogne, qui est énorme, ont choisi pour chaque ordre de questions un rapporteur. Voilà, pensez-vous, l'œuvre en bonne voie; hélas! la voie n'était qu'ouverte.

Certes, l'auteur de la proposition, ses amis et les commissaires ne se sont pas fait illusion sur les obstacles de tout genre qu'ils devaient rencontrer, sur la peine qu'ils auraient à faire pénétrer l'examen d'abord et les réformes ensuite dans les services publics. Les administrations sont personnes défiantes et jalouses, routinières et parfois maniaques, peu communicatives et peu hospitalières ; elles n'aiment point à conter leurs affaires. Chacune a ses secrets, gros ou petits, ses points noirs ou obscurs, ses côtés faibles et ses infirmités, qu'il n'est pas aisé de voir à nu, tout député que l'on soit. Peut-être même la qualité de député éveille-t-elle certaines précautions que tout membre de l'administration croit légitimes et même méritoires en face d'un agent de contrôle ; car les députés font le contrôle, et le font sur les fonctionnaires et sur l'administration tout à la fois. Aussi les fonctionnaires, qui osent quelquefois se tenir en garde contre leur directeur ou leur ministre, ont-ils contre un député la satisfaction de se sentir en communauté — je ne voudrais pas dire en complicité — d'intérêt avec leurs chefs.

Que nos honorables représentants nous le pardonnent ; mais, pour les gens d'administration, un député, tout comme un journaliste, est un critique,

un bavard de profession qui ne peut rien garder
pour lui de ce qu'il a appris. Qu'il s'agisse de défendre un chapitre du budget, un service menacé,
une tradition, un bon abus bien invétéré, l'administration se lève, s'aligne, se hérisse en bataillon
carré. Pas une brèche, pas une fissure ! Tels employés qui se dénigrent à plaisir dans leurs bureaux se rallient au premier signal, serrent les
dents et les poings et font face à l'ennemi. L'ennemi, c'est l'étranger, c'est l'intrus qui veut pénétrer dans la place et voir ce qui devrait ou ne devrait pas s'y faire ; c'est l'homme qui « s'occupe
de ce qui ne le regarde pas, » c'est-à-dire des intérêts publics. Heureusement, les fâcheux ne sont
pas d'ordinaire hommes du métier ; et quelle joie
alors, joie officiellement muette sans doute et pleine
de flatteuse déférence, mais moins respectueuse
peut-être quand elle peut s'épancher en famille, à
porte close !

Serait-ce qu'on égare nos mandataires ? — Fi
donc, le vilain mot ! On les laisse libres, on les
éclaire même, et du bon côté : c'est bien assez.
Refuser de répondre ! Quelle calomnie ! On laisse
poser les questions, ce qui suffit : la réponse est
aisément inoffensive. D'ailleurs, l'avocat du ministère, je veux dire le ministre, est là. Il est député,

lui aussi; il sait quoi dire aux autres. Ajoutez que lui non plus n'est pas toujours homme du métier; ce qu'on lui a dit il le croit, et ne le plaide que mieux; la Chambre ne juge que mieux aussi.

Est-ce donc une œuvre inutile que celle dont M. Lamy a pris l'initiative? Bien au contraire, elle n'est que plus utile. Forcés de discuter l'organisation des services publics, il faut bien que nos députés s'informent, en gros et même en détail, de leur fonctionnement. Ils ne sont pas si naïfs qu'ils ne soupçonnent ce que nous indiquons ici et d'autres choses encore. Après quelques tâtonnements, ils se tiennent en éveil et sur leurs gardes. A la piste des abus, ils flairent bien quelque gibier, et, chacun rapportant ce qu'il a découvert, la chasse peut devenir fructueuse.

D'ailleurs, de quoi s'agit-il, je vous prie? D'une enquête nationale. L'Assemblée s'y emploie comme elle peut; que les hommes compétents en si peu que ce soit la secondent. Si chacun disait tout ce qu'il sait, on saurait bientôt tout.

Mais il n'est question ici que du ministère des affaires étrangères, où nous allons nous renfermer

LA DIPLOMATIE MODERNE

Le rapport sur l'organisation du département des affaires étrangères a été déposé, au nom de la commission des services administratifs, à la séance du 20 février dernier. L'auteur de ce rapport, M. Emmanuel Arago, a fait, comme on sait, partie du corps diplomatique; ce qui ne l'empêchera probablement pas d'être classé parmi les ennemis, et à coup sûr parmi les fàcheux : car il ne marchande pas la vérité, ni même les vérités désagréables.

Avant d'aborder les questions qu'il traite, et pour amener MM. les diplomates à l'exacte appréciation de critiques et d'opinions qui ne peuvent *a priori* les satisfaire, on nous permettra de leur exposer l'idée très-arrêtée que bien des gens se font de leur situation présente. A tort ou à raison, bien des gens s'imaginent que la diplomatie n'a plus à jouer, de tous points, le même rôle qu'autrefois, et que son rôle nouveau n'est pas nettement compris par les diplomates.

Au **xvi**e siècle, le grand art de la diplomatie consistait dans l'espionnage et dans l'intrigue, chaque prince guettant les secrets des autres pour les exploiter à son profit. Mais à mesure que les nations sont entrées en scène, le rôle des acteurs a dû s'étendre ; et l'usage de la représentation permanente, en s'établissant, a provoqué l'apparition du droit international : il n'est que trop loin encore d'avoir ni code ni sanction ; nous savons assez que l'arbitraire y règne à plaisir, et que la force prime le droit, quand ce n'est pas la ruse. Mais en chaque peuple se dégage par degrés le sentiment de ses intérêts véritables et de la justice. Une opinion publique se forme, qui juge la politique extérieure comme l'administration intérieure des gouvernements, et les diplomates comme les ministres.

Quelle est, je vous prie, la grande époque de notre école diplomatique, sinon celle du pouvoir absolu, depuis le traité de Westphalie jusqu'au congrès de Vienne? Un seul homme alors était maître

de l'État et donnait à son représentant une force
immense. On taillait en plein drap. Mais, en vérité,
la politique et la science, les institutions modernes
et les inventions industrielles, la souveraineté nationale et les chemins de fer, les parlements et la
poste, la presse et le télégraphe ont gâté le métier
de diplomate, comme ils gâtent celui de roi, celui
de ministre, et même de préfet. D'abord, les intérêts se multiplient et les questions se compliquent
tellement de jour en jour que le personnage le plus
habile serait fort empêché de suffire à la représentation et aux négociations de son pays. Certaines
affaires, et des plus grosses, les traités de commerce
et de navigation, par exemple, exigent le concours
d'hommes spéciaux. Ajoutons que le public, les
députés et jusqu'aux moindres journalistes ont l'ar-
rogante manie de mettre la main dans toutes les
affaires et le nez dans tous les papiers d'État.

Enfin, autrefois, il fallait du temps pour aller et
pour correspondre d'une capitale étrangère à Paris,
et même de Paris à un chef-lieu de France. Il fallait
donc beaucoup laisser à l'intelligence, à l'initiative,
à la responsabilité du représentant du gouvernement. Il fallait, bon gré, mal gré, qu'il engageât
ou suivît seul certaines affaires. Si précises que fussent ses instructions, il avait pour domaine l'im-

prévu, qui était grand. Il l'est beaucoup moins en un temps où les intérêts, les relations des peuples — et même des départements — sont incessamment discutés au grand jour et portent sur des questions plus nettes et plus positives qu'au beau temps des intrigues de cour et des querelles de princes.

A peine un incident se produit-il en quelque coin du monde que déjà le télégraphe, comme un immense réseau de nerfs, l'a transmis dans tous les centres auxquels il se relie. Le public est informé comme les ministres, et la Bourse l'est parfois plus vite que le chef du pouvoir. Qu'une difficulté se présente, voilà donc l'appareil électrique en branle et les lettres en route. Certes, même à l'étranger, la correspondance par télégrammes et le secret des lettres exigent quelques précautions; car les vieux procédés de cabinet et même des cabinets noirs ne sont pas tous relégués dans l'histoire. En politique, surtout entre hommes de patries différentes, la politesse est de rigueur; mais les scrupules de conscience et ce qu'on appelle entre particuliers l'honnêteté n'ont pas une autorité infaillible. Ici reparaîtrait, dans tout son éclat, le rôle de la diplomatie, si l'on n'avait trouvé des moyens de correspondre, même de loin, avec quelque sécurité. D'ailleurs, les chemins de fer ne sont-ils pas là pour emmener M. le ministre lui-même en consultation à Paris, ou amener de Paris quelque émissaire? Son excellence n'est donc absolument maîtresse et responsable qu'entre deux courriers, dans l'intervalle de départ et d'arrivée entre deux trains express ou deux paquebots.

Nous nous permettions de comparer les diplomates aux préfets. Un vieil employé du ministère de l'intérieur nous disait un jour : « Les chemins de fer et les télégraphes ont tué l'administration. Il n'y a plus de gestion, plus de responsabilité, plus de décision, plus de correspondance sérieuse. On ne sait plus faire de rapports; sur chaque question, à chaque phase d'une question s'envole une dépêche que le style télégraphique rend brève ou confuse à propos. Une dépêche! cela dispense de préparation, de réflexion, de rédaction. On n'écrit plus, on ne délibère plus, on ne travaille plus, on télégraphie. Tout le long du jour, on a l'oreille ou la main au télégraphe. Le préfet est un agent à portée de la sonnerie du ministre; et le sous-préfet, un sous-agent à portée de la sonnette du préfet. Ces messieurs ne se plaignent pas tous, sans doute : à tout propos, ils en réfèrent, et à tout instant ils se couvrent. Toute la responsabilité remonte à l'administration centrale, qui n'est pas partout cependant et ne peut pourvoir à tout. C'est de Paris ou de Versailles qu'il faut administrer chaque préfecture, qui administre chaque département. Les vrais agents administratifs, les agents universels de transmission, savez-vous quels ils sont? Les employés du télégraphe! » — Et le brave homme répétait en hochant la tête : « L'administration est morte! »

Nous sommes loin d'en dire autant de la profession des diplomates, qui peut encore avoir de beaux jours. Mais il faut qu'ils s'accommodent aux besoins du temps ; car il n'est pas jusqu'à leur qualité d'agents d'informations qui ne soit modifiée. Ces malencontreuses machines à vapeur ont tellement rapproché les distances qu'une foule de personnes voyagent pour affaires ou par agrément, pour leur instruction personnelle, pour celle de la presse ou même d'un gouvernement. Le diplomate, qui était, au temps où l'on ne voyageait pas, le fournisseur patenté et souvent l'unique fournisseur de renseignements, peut maintenant se trouver en concours avec d'autres qu'aucun caractère officiel ne gêne. Ici s'atténue encore son rôle, ramené parfois à celui de mandataire ou notaire international. Cer-

taines qualités, naguère développées chez nos agents,
ont donc pu s'atrophier faute d'exercice suffisant.
Il en est d'autres assurément qu'ils pourraient join-
dre à celles-là et qui deviennent indispensables,
telles que la connaissance des intérêts et des ressources, des forces et des institutions, de l'industrie et du commerce des peuples étrangers; car
c'est là, maintenant, le champ le plus large de la
vie et des relations internationales. Mais c'est une
évolution, une transformation à opérer, et peut-être
sommes-nous précisément dans une époque de
transition, époque la plus fâcheuse et qu'il importerait d'abréger.

Faut-il cependant s'irriter des résistances sourdes
et de l'inertie systématique que les hommes du
métier opposent aux essais d'innovation? — Non
certes. Que cette opposition soit mêlée de rancunes,
de passions, de préjugés de personnes ou de partis,
rien de plus regrettable, mais rien de moins sur-
prenant. Ce n'est pas dans un seul service, et, qu'on
nous permette de le dire, ce n'est pas seulement

dans tous les services administratifs que ce genre d'obstacles arrête le développement des institutions et l'amélioration des mœurs publiques. Rien n'est plus malaisé que les réformes même après une révolution. Une révolution est comme un coup de vent; elle enlève la poussière du passé; mais, le vent tombé, la poussière retombe, et parfois à la même place.

Contre l'hostilité des intéressés, qui finit toujours par se fortifier de la lassitude ou de l'indifférence publique, la lutte est assurément légitime.

Il faut secouer cette mollesse qui nous rendormirait au point même où nous nous sommes réveillés; il faut faire justice des dédains que professent volontiers les *hommes spéciaux* contre ceux qui sentent le mal sans pouvoir en déterminer tous les remèdes, et dont les conceptions générales, les convictions chaleureuses se heurtent à des difficultés d'exécution et à des querelles de détail. Le devoir des hommes spéciaux n'est-il pas d'éclairer les pouvoirs publics et le public lui-même, de faire le partage du possible et de l'impossible, de l'utopie et du progrès? En revanche, il serait puéril, pour ceux qui poursuivent une idée, un intérêt général, de détourner les yeux des questions même laborieuses et minutieuses de l'application, hors des-

quelles un système peut avoir tous les mérites,
excepté celui de vivre.

Les libéraux, les progressistes et, disons le mot,
— mot plein d'horreur, — les républicains n'entendent plus former une secte ou une école, mais
un parti et un gouvernement; ils poussent l'outrecuidance jusqu'à vouloir que ce gouvernement soit
possible d'abord, et le seul possible ensuite. Aussi
n'en sont-ils plus à s'effaroucher des objections les
plus techniques et les plus administratives. Il ne
peut leur convenir de prêcher éternellement dans le
désert ou de planer dans les hauteurs de théories
parfaites et impraticables. L'Exode est fini; ils ont
vu la terre promise, ils y ont mis le pied, ils s'y
établiront; ils le veulent du moins et ne songent
nullement à traiter les gens établis avant eux
comme les Hébreux traitèrent les Chananéens.
N'étant plus campés comme autrefois, mais étant
chez eux, ils commencent à savoir comment se
fait une maison, comment elle se meuble et se
range. Qu'ils étudient patiemment tous les métiers,
et qui sait? peut-être finiront-ils par égaler en
génie leurs heureux devanciers.

Pour triompher de certaines résistances, il faut
désarmer les préventions. Il faut, dans l'ordre de

questions qui nous occupe, reconnaître sincèrement
toutes les précautions qu'exige la plus simple mo-
dification, la plus légère atteinte portée au système
représentatif de la France à l'étranger. Comment
soumettre légèrement à tel essai, à tel régime im-
provisé un corps qui est étroitement lié, par la
nature même de ses fonctions, aux corps analogues
institués par les autres pays, aux peuples et aux
gouvernements du monde entier, enfin à une foule
de faits dont nous ne sommes nullement maîtres?
Oui il faut procéder avec prudence et pas à pas,
regardant non pas devant soi seulement, mais
autour de soi. Mais pour éviter un faux pas, faut-il
piétiner sur place? N'y a-t-il pas des réformes sérieuses et sûres à accomplir?

N'en déplaise à messieurs nos diplomates, il faut
bien répondre oui, comme a fait la commission; et,
tout d'abord, il faut bien rendre justice à l'idée qui
se dégage de l'important travail de M. Arago et dont
s'inspirent ses critiques contre le présent, ses pro-
positions pour l'avenir. Que cette idée soit admise,
et les questions d'application seront presque résolues en principe, quelques concessions que l'on
fasse en pratique aux partisans de l'organisation
actuelle. Or, cette idée, selon nous, la voici :

L'esprit qui domine dans les traditions du person-

nel et dans l'organisation de la carrière diplomatique ne répond plus aux tendances et aux besoins
de notre société démocratique.

Nous ne voudrions pas abattre nos contradicteurs
sous des mots pesants, qu'ils seront tentés de trouver creux. Mais il est certain que l'éducation et les
goûts, les relations et les influences du monde, certaines opinions et certaines sympathies, d'ailleurs
fort respectables, les souvenirs ou les prétentions
aristocratiques, les habitudes de cour et de salon,
mille causes enfin disposent mal une grande partie
du personnel à tenir compte des conditions nouvelles de la politique et de la diplomatie modernes;
car la diplomatie n'est que le reflet extérieur de la
politique. Comment les mœurs et les personnes
n'influeraient-elles pas sur l'institution, et l'institution, à son tour, sur les personnes et sur les
mœurs ?

« Soixante années de luttes, dit M. Arago, ont
rendu visible et certain ce que Talleyrand pressentait en 1814 plus qu'il ne l'observait : le commerce
décuple, à force d'énergie, la richesse du monde;
on le trouve partout si puissant que les guerres des
nations rivales ne restent plus jamais exclusivement
politiques. Nos pactes d'alliance et nos traités de
paix règlent en même temps des questions de fron-

tière et des tarifs de douane. Il faut donc souhaiter qu'une diplomatie doublement compétente préside aux changements que le génie moderne apporte .chaque jour dans nos relations extérieures ! »

Il nous faut une diplomatie doublement compétente ! — voilà le vœu, voilà la pensée dominante du rapport, qui justifiera la réforme capitale réclamée par M. Arago : l'unité des carrières diplomatique et consulaire.

Oui, ne craignons pas de le répéter, la vraie diplomatie doit s'appuyer maintenant sur les grands intérêts et les grandes idées des nations. Elle n'est plus l'instrument d'ambitions ou d'intrigues personnelles, d'un prince ou d'un ministre, d'une classe ou d'une coterie. Les questions les plus hautes s'offrent à elle ; mais encore faut-il qu'elle sache les embrasser. L'horizon de la politique s'est étendu ; les barrières qui séparaient les hommes d'une même nation, les nations d'un même continent et les continents entre eux, se sont abaissées. Le monde ne semble plus former qu'un royaume à provinces multiples, un immense marché, un champ qui s'ouvre à l'activité humaine et où chaque peuple doit conquérir sa place.

Voilà l'idéal, — qu'il s'agit de réaliser modeste-
ment en quelques points, s'il se peut. Examinons
l'organisation actuelle de nos relations extérieures.
C'est là qu'il faut donner un corps à l'esprit de critique et de réforme.

LA QUERELLE DES DIPLOMATES
ET DES CONSULS

Le ministère des affaires étrangères comprend quatre directions, qui sont classées par ordre d'importance de la manière suivante : direction des affaires politiques, direction des affaires commerciales, direction des archives, direction des fonds. Le cabinet forme un cinquième service qui comprend quatre bureaux, savoir : le protocole, le chiffre, le bureau des traducteurs, le bureau du départ et de l'arrivée.

Des quatre directions, « les deux dernières, comme le dit M. Arago dans son rapport, ne participent guère qu'au mouvement central de l'administration. » Nous les omettrons ici et ne toucherons qu'aux deux premières. Forcé de partager notre étude, nous parlerons d'abord du personnel qui représente la France à l'étranger, c'est-à-dire du corps diplomatique qui se rattache à la direction des affaires politiques et du corps consulaire, qui relève de la direction des affaires commerciales.

Le corps diplomatique se compose d'ambassadeurs, de ministres plénipotentiaires partagés en deux classes, de chargés d'affaires, de premiers secrétaires d'ambassade, de deuxièmes et troisièmes secrétaires, enfin d'attachés non payés. Le corps consulaire comprend : les consuls généraux, les consuls partagés en deux classes et les élèves-consuls, auxquels se rattachent des vice-consuls et agents consulaires qui ne font pas, à proprement parler, partie du corps consulaire, bien qu'ils en remplissent les fonctions dans certaines résidences et que les vice-consuls rétribués puissent par avancement être appelés à des consulats.

Eh bien ! c'est ici, dès le début, qu'apparaît la plus extrême divergence d'opinion entre les défenseurs de l'organisation actuelle et ses adversaires. « Nous remarquons et critiquons d'abord, dit M. Arago, une séparation nettement établie entre la politique et le commerce, entre les diplomates et le corps consulaire; séparation maintenue, quoique modifiée, depuis les ordonnances et les édits royaux du xviie siècle. »

Que la diplomatie politique, soit l'aînée de « la diplomatie commerciale, » nul ne le conteste. Mais la cadette a grandi et veut marcher l'égale de l'autre. La diplomatie est née le jour où deux tribus, lasses de s'égorger, ont fait une trève ou un partage de terres; apparemment, elle a précédé l'époque des principes économiques, — et même on pourrait rattacher la supériorité traditionnelle qu'elle s'est attribuée à la passion militaire de nos ancêtres, à leur superbe dédain pour les peuples adonnés à l'industrie. Mais nous ne vivons plus au temps des féciaux et des druides, des leudes ou des chevaliers. Les questions de commerce, de navigation et d'échange, qui se sont humblement glissées dans la politique, prennent maintenant la place d'honneur dans le droit des gens et dans les traités.

Oui, la diplomatie politique, quoiqu'elle ait toujours reconnu la raison du plus fort, a rendu d'immenses services à l'humanité en imposant quelque frein à la force; et elle en a de non moins grands à rendre. Grâce à la solidarité qui rapproche graduellement les peuples et fait des maux de l'un une cause fatale de souffrances pour l'autre, la diplomatie est appelée à faire prévaloir entre eux la justice, comme le fait entre particuliers la loi et la magistrature de chaque pays. Mais n'est-ce pas encore grâce aux liens d'intérêts créés par l'industrie et le commerce qu cette solidarité s'affermit? N'est-ce pas sur la diplomatie commerciale que doit s'appuyer la diplomatie politique? Leurs services sont différents, mais non pas inégaux; elles peuvent se compléter, non se supplanter l'une l'autre. Que signifie donc leur querelle?

Avant de nous y engager, quelques explications ne seront pas inutiles sur le rôle propre des diplomates et des consuls.

Les agents diplomatiques, dont nous avons longuement parlé, sont des fonctionnaires politiques chargés par un État de le représenter auprès d'un autre. Les consuls, dont nous devons parler ici, sont des fonctionnaires établis en un lieu, pour y protéger les intérêts de leurs compatriotes. L'établissement des consuls implique le consentement de l'État dans lequel ils résident; ils sont pourvus d'une commission spéciale que le gouvernement étranger revêt de son *exequatur*, pour leur assurer auprès des autorités locales le libre exercice de leurs fonctions.

A l'origine, les consuls, dont l'institution remonte à l'époque des croisades, n'existaient que dans les pays d'Orient. Ils étaient des jurés ou arbitres choisis par les trafiquants d'une colonie de même origine. Plus tard, leurs priviléges s'accrurent et firent d'eux de véritables officiers publics. Dès le xviie siècle, les capitulations passées entre la France et l'empire ottoman conféraient aux consuls dans les Echelles du Levant toutes les prérogatives du droit des gens qui servent de garanties aux agents diplomatiques ; et ce fut en raison des services rendus par ces consuls que l'institution s'étendit dans le monde entier, mais avec des attributions différentes.

Aujourd'hui, comme au xviie siècle, nos nationaux pourraient-ils être abandonnés aux usages et aux lois, aux autorités et à l'arbitraire des pays musulmans ? Quelle sécurité y trouveraient leurs intérêts et leurs personnes ? Nos consuls ont donc des immunités exceptionnelles. Toute contestation, toute cause même criminelle entre Français est portée devant les agents français et jugée selon la loi française. Tout démêlé entre un Français et un Musulman ne peut être tranché par le magistrat musulman sans la participation du consul français.

En pays de chrétienté, à raison des garanties que présentent les gouvernements et les lois, la situation d'un consul est différente. Il n'est investi ni des prérogatives diplomatiques ni du droit de juridiction. Cependant il représente et protége officiellement auprès des autorités du lieu où il est envoyé les intérêts de ses nationaux présents ou absents : il y remplit, pour ses compatriotes, les fonctions d'officier de l'état civil. Dans les ports, il reçoit les rapports des capitaines de navire et les assiste en cas de naufrage. Il remplace l'officier d'administration maritime, approvisionne les bâtiments de l'État, rapatrie les marins, autorise les emprunts à la grosse. Enfin, il veille à l'exécution des conventions de commerce ainsi que des règlements concernant le pavillon national, et il renseigne son gouvernement sur les questions de tout ordre qui peuvent l'intéresser.

On voit quelle est l'importance des fonctions de consul. Comment dès lors expliquer la prééminence que prend la carrière diplomatique sur la carrière consulaire ?

A faire une comparaison rigoureuse. la supériorité de travail et d'activité, des connaissances et des qualités sérieuses, n'appartiendrait pas au personnel diplomatique. Non, certes, que l'intelligence y fasse défaut. L'esprit, dit-on, court les rues en France ; pourquoi déserterait-il les salons ? Mais l'esprit ne suffit pas, ni même le talent ; il faut le mettre en œuvre, et c'est ici que les plus grands noms et les plus grandes fortunes ne servent de rien et nuisent même, hélas ! aux habitudes laborieuses, à la connaissance véritable de la vie et de la société, des intérêts et des besoins modernes.

Prétendons-nous donc que le nom et la fortune donnent seuls accès à la carrière diplomatique ; et l'ancien régime a-t-il trouvé refuge au quai d'Orsay ? Quelle supposition ! Parcourez la longue liste de nos agents diplomatiques, et je gage que, sans être un d'Hozier, vous découvrirez de beaux noms qui ne sont pas de l'ancien régime, qui semblent de création récente et presque personnelle, en un mot, qui sont de la noblesse de l'avenir et non de celle du passé. Enfin, à quoi bon violer quelque principe de 89, surtout s'il ne gêne pas ? Non, non ; rassurons-nous ; les principes sont et seront toujours saufs, étant immortels, comme on sait. Mais, une fois rassurés, voyons les faits.

Le gouvernement choisit quelquefois des ministres, mais bien rarement des secrétaires d'ambassade, parmi les personnes étrangères à la carrière
diplomatique. Où donc se recrute l'immense majo-
rité du personnel ? Parmi les attachés du ministère
ou des ambassades. Or, comment entre-t-on dans
les ambassades et au ministère ?

— Distinguons, s'il vous plaît. Pour entrer dans
la direction des consulats, il faut justifier du diplôme de licencié en droit, ès lettres ou ès sciences,
et subir un examen ou plutôt un concours qui comprend des épreuves écrites et orales, et qui porte
sur des matières de droit commercial, de droit
administratif, de droit des gens, d'histoire diplomatique, d'économie politique, de géographie et de
langues vivantes. Les candidats admis débutent
comme attachés surnuméraires. Devenant, après
leur stage, élèves-consuls, puis consuls, ils obtiennent un traitement qui leur suffit pour vivre dans
la situation qu'ils occupent et dans les villes où ils
résident à l'étranger. Ainsi, dans cette carrière, on
entre par le travail, on vit de son travail, et l'on peut
avancer grâce au travail. Un consul ayant, jeune
encore, une responsabilité directe, ayant des occu-
pations sérieuses et pas de secrétaire, est tenu sans
cesse en éveil et en haleine. Impatient de se distin-

guer, il saisit les occasions de développer ses connaissances et son action, d'appeler sur soi l'attention
de l'administration centrale par ses dépêches, ses
rapports, ses travaux, dont il recueillera seul tout
l'honneur.

L'attaché politique sait qu'il ne sera jusqu'aux
grades les plus élevés qu'un rouage, un instrument
impersonnel. Jusqu'à 35 ans, il ne fera guère que
copier des dépêches; ou, s'il est employé à un travail moins simple, ce travail ne fera souvent honneur et profit qu'à son chef, qui le signera. Ainsi,
le stimulant lui manque ; mais, hélas! le fond lui
manque plus encore ; car on ne s'en est pas inquiété
quand il est entré dans la carrière. A raison même
du caractère aristocratique qu'on a affecté de conserver à la carrière, on a approprié les conditions
d'admission à la classe des jeunes gens qui s'y des-
tinaient; et réciproquement, les conditions d'admission ont conservé à la carrière son caractère
aristocratique. Bien qu'aux termes du décret du
17 décembre 1853, les attachés du ministère et des
ambassades doivent être munis du diplôme de
licencié en droit, ce diplôme a bientôt cessé d'être
nécessaire. Pour ouvrir la porte à quelques protégés,
— qui n'étaient pas des privilégiés de la science, —

on l'a remplacé non pas par un concours, mais par un examen. En outre, cet examen, d'un programme fort restreint et passé à huis-clos, n'a jamais été qu'exceptionnellement exigé.

De sorte que l'on entre aujourd'hui dans la diplomatie sans aucun titre universitaire ou administratif, et que nombre de secrétaires ou d'attachés ne sont pas bacheliers.

La situation est donc encore pire que ne l'indique le rapport de M. Arago. Entre les conditions d'admission dans les deux carrières, il y a la différence du diplôme, du concours, de l'examen, c'est-à-dire de tout à rien. Et que l'on n'argue pas que dans la pratique le diplôme de licencié en droit est réclamé; car il n'y a qu'une inégalité de plus, une nouvelle ressource pour l'arbitraire et la faveur, — qu'on nous pardonne le mot, — une scène et un truc ajoutés à la comédie. Oui, l'on exige le diplôme, on l'exige impérieusement et sans merci; mais cette exigence, contre qui l'invoque-t-on? Contre ceux qui ne sont pas suffisamment appuyés et d'assez haut. C'est un filet serré, qui n'arrête que le menu fretin; tout le reste passe.

S'étonnera-t-on que l'Europe ne nous envie plus notre corps diplomatique? Et les membres de ce

corps feront-ils les fiers en face de leurs collègues
du corps consulaire, comme autrefois les hauts
dignitaires nobles dédaignaient les roturiers qui
n'avaient que leur mérite pour parvenir, — et qui
ne parvenaient pas? Où voulez-vous que se portent
les jeunes gens qui s'obstinent à entrer dans ce
ministère et qui ont le sentiment de leur valeur, le
goût du travail, l'ambition d'être utiles et aussi le
besoin de gagner pour vivre, où, sinon dans les
consulats? Et que feraient-ils, je vous prie, isolés,
dépaysés dans la carrière diplomatique comme serait
tel officier pauvre dans tel régiment de cavalerie?
Que celui-ci choisisse l'infanterie, l'arme démocratique; que celui-là prenne les consulats, la carrière
démocratique. Pourtant, n'en déplaise à MM. les
cavaliers, l'infanterie, c'est l'armée moderne. La
diplomatie moderne, c'est celle des grands intérêts
des nations. Quand les nations n'échangent pas des
coups de fusil, qu'échangent-elles? des produits.

Et les remèdes? demanderez-vous. Il en est de
plusieurs sortes, que nous examinerons dans l'ordre
des questions, mais que nous devons énumérer ici.

C'est d'abord l'établissement du même concours et l'exigence des mêmes conditions à l'entrée des directions politique et commerciale. Peut-être conviendrait-il aussi de partager le surnumérariat en deux périodes, passées chacune dans l'une des deux directions. Enfin, le stage devrait être terminé, comme le demande M. Arago, par un *examen de carrière*, où les aptitudes de chacun seraient aisément appréciées, les chefs ayant eu plusieurs années pour les mettre à l'épreuve.

C'est la concordance exacte des grades et la combinaison de l'avancement dans les deux directions, de telle façon qu'il y ait entre elles échange et, comme on dit, roulement de personnel.

C'est l'institution, qui sera étudiée plus loin, d'un secrétaire général chef du personnel, guidant le choix du ministre et lui permettant de prendre dans le cadre de la direction commerciale les hommes les plus aptes à figurer dans ceux de la direction politique, et réciproquement.

C'est l'accroissement, grâce aux économies que nous indiquerons, des traitements des secrétaires d'ambassade, afin que ces situations s'ouvrent à ceux qui n'en sont écartés que par raison de fortune.

C'est l'entretien de l'émulation parmi les secré-

taires d'ambassade, et même entre eux et les consuls,
par divers moyens, spécialement par la publication
des rapports les plus intéressants qui auraient été
faits sur des questions économiques. C'est ainsi
qu'en Angleterre on donne aux secrétaires de légation l'occasion de développer et de mettre en lumière
leur talent et leur expérience.

Est-il nécessaire d'ajouter que toutes ces réformes
ne peuvent être accomplies qu'en ménageant les
situations acquises et les transitions? Les réformes
sur le papier sont plus dangereuses qu'utiles ; et si
l'on n'obtient pas, à défaut de concours, la résigna-
tion du personnel, on pourra tout décréter, on
n'aura rien fait. Aussi dirons-nous que le premier
remède, sans lequel les autres seraient vains, c'est
la présence et l'action d'un ministre éclairé et résolu
qui saura trouver les ménagements, mais ne laissera
ni paralyser sa volonté ni dévier ses efforts. Son
influence morale ne sera pas moindre que son
autorité; il pourra réduire à leur valeur certains
préjugés et certaine morgue, rehausser les services
et les hommes qui lui paraîtront dignes d'estime, et
faire à chacun sa place et sa part.

Qu'il témoigne aux membres du corps consulaire

les mêmes égards et la même sollicitude qu'aux membres du corps diplomatique, le même souci d'encourager et de reconnaitre leurs efforts ; que dans son attitude, son langage, ses faveurs, on sente la considération et la bienveillance dont il les honore ; qu'un consul sache que ses dépêches et ses rapports, s'ils le méritent, seront lus avec attention, qu'on n'oubliera pas ses services même obscurs et relégués en quelque coin du monde, et que, s'il vient à Paris, il obtiendra comme un autre une audience, où, comme un autre, il obtiendra des éloges et des encouragements ; — que ces satisfactions s'ajoutent aux réformes que nous avons signalées, et l'on verra bientôt la carrière, le personnel consulaire prendre à ses propres yeux comme aux yeux des diplomates le rang que lui donnent déjà l'opinion et l'estime publiques. Rendons cette justice au ministre actuel des affaires étrangères qu'il est entré dans cette voie.

Si diverses que semblent les réformes que nous avons énumérées, elles se résument d'un mot, car elles ne sont que les faces multiples d'une même

idée : union des carrières diplomatique et consulaire, voilà bien ce que réclame la commission par
l'organe de son rapporteur. Mais de quelle façon et
dans quelle mesure convient-il de supprimer la
séparation et le dualisme? Telle est la question qui
s'impose la première.

L'UNITÉ DES CARRIÈRES ET LA DIVISION DES SERVICES

Nous avons montré le lien étroit qui doit unir la diplomatie politique à « la diplomatie commerciale; » nous avons prouvé que le corps consulaire offre des garanties, des ressources et des forces au moins égales à celles du corps diplomatique. Nous élevant au-dessus des querelles et des intérêts particuliers, nous pouvons nous demander : — Quel est l'intérêt public? quel est le droit de l'État? — Apparemment, c'est d'être servi le mieux possible. — Et quel est son devoir? — C'est de prendre les meilleurs serviteurs où ils sont et où qu'ils soient. Il faut donc appeler à chaque poste l'homme le plus apte à l'occuper.

Tel est le but de M. Arago, quand il réclame dans son rapport « l'unité d'origine et l'unité de

carrière, » pour arriver à « l'unité d'action, » et
quand il demande que « le département des affaires
étrangères n'ait plus dans ses bureaux qu'un seul
personnel et dans le monde entier qu'une seule
diplomatie. » Il faut tendre à supprimer la rivalité
des deux personnels, à rendre normales des mutations qui n'ont été que très-rares jusqu'ici, au
moins de la carrière consulaire à la carrière diplomatique.

La réalisation de ce programme exige-t-elle le
mélange des attributions et la fusion des services ?
Non content d'ouvrir une porte entre les directions
politique et commerciale, faut-il abattre toute séparation, et des deux n'en faire plus qu'une seule ?
Il est permis de s'épargner cet essai. En 1871, il est
vrai, le rapporteur du budget des affaires étrangères, aujourd'hui ministre au même département,
M. le duc Decazes, disait que « les mêmes agents
dévraient expédier les affaires politiques, commerciales, contentieuses, dont l'étroite connexité ne
saurait être contestée. » Aussi M. Arago propose-
t-il la nomination d'un directeur général des affaires
commerciales et politiques. « Moins mêlé que ses

chefs, ministres passagers, aux fluctuations de la
politique militante, le titulaire de ce poste y resterait longtemps, il y acquerrait la qualité maîtresse
du véritable diplomate, l'esprit de suite et de persévérance ; il saurait le fort et le faible des gouvernements étrangers. »

Si désirable que puisse être un tel concours, on
peut se demander si le directeur général ne se rap-
procherait pas assez du ministre pour être exposé
précisément aux fluctuations de la politique. Il
serait prudent de n'espérer la stabilité que dans des
fonctions plus spéciales, telles que celles d'un
secrétaire général, placé au-dessus des deux directeurs et réunissant dans ses mains le personnel
diplomatique et consulaire. Plus on jugera nécessaire l'unité de carrière, plus il importera que le
fonctionnaire destiné à la garantir soit solidement
établi dans l'administration.

Deux principales raisons militeraient en faveur
du projet de direction unique : c'est, d'abord, le
désir de classer et d'utiliser mieux les informations
diverses qui sont actuellement partagées. Car, selon
leur objet, les unes sont adressées par les agents
extérieurs à la direction politique, les autres à la,
direction commerciale. C'est, ensuite, le regret

exprimé dans le rapport, que cette division empêche
l'administration d'apprécier les aptitudes réelles de
ses agents. Car les agents politiques qui fournissent
des renseignements à la direction commerciale, et
les agents commerciaux qui en fournissent à la
direction politique ne tirent pas avantage direct de
leur travail; c'est de la direction à laquelle ils se
rattachent que leur avancement dépend. La direction des consulats ignore le mérite relatif d'une
partie de ses agents, ceux d'Orient, par exemple,
qui ne correspondent guère que sur des questions
politiques, faute de sujets commerciaux.

Or, cet inconvénient ne serait-il pas corrigé par
l'institution du secrétaire général, chef du personnel,
qui centraliserait les notes obtenues par chaque
agent dans les deux directions? Quant au partage
des correspondances et des informations adressées
de l'étranger à Paris, ne faut-il pas toujours qu'il
s'opère? D'après la méthode que proposerait le rapport, la direction unique serait divisée en deux sections qui auraient 40 ou 45 employés. « La première
des deux, section des ambassades, légations et consulats de première classe, résumerait pour le directeur général intermédiaire du ministère les correspondances politiques, et remettrait à la seconde,
section des consulats et de la chancellerie, les dépê-

ches ou portions de dépêches commerciales reçues des consulats de caractère mixte. La seconde résumerait la correspondance des consuls et renverrait à la première ses notes politiques ; — au ministère du commerce, ses informations purement commerciales ; — à la sous-direction des fonds, les comptes de la chancellerie. »

Ainsi reparaît fatalement la division des services et le partage des communications. D'après le mode actuel, tout agent doit adresser, sous un timbre spécial, chaque ordre de renseignements à la direction compétente. Ainsi se fait une sorte de triage dès l'expédition. Si l'agent commet une erreur, elle est redressée à l'arrivée. Car toutes les dépêches sont ouvertes au cabinet du ministre, et renvoyées de là au service compétent, quel qu'en soit le timbre. Enfin, si l'erreur est répétée ou commise au cabinet, c'est dans les directions même qu'on la redresse. Qu'un consul fasse parvenir à la direction commerciale des renseignements qu'il ne croit bons à connaître que là, cette direction ne les transmettra pas moins, s'il y a lieu, à la direction politique ; réciproquement, celle-ci fera passer à la commerciale les communications qui l'intéressent.

— Mais on ne tire aucun parti, direz-vous, des ressources précieuses qu'on pourrait rassembler du monde entier.—Ici, la question change ; le reproche porte non plus sur le service même, mais sur la façon dont il est fait, c'est-à-dire sur le personnel ; et la question du personnel n'est plus particulière, hélas ! au ministère des affaires étrangères.

« Des recherches dans les correspondances adressées d'un même pays, en 1869 et en 1870, au ministre français des affaires étrangères, attesteraient bien haut, dit le rapport, la gravité du mal qu'il s'agit de guérir. Lues et relues, commentées avec joie, les lettres politiques ne contenaient rien que des phrases, des protestations, des affirmations amicales ; tandis que les mémoires et les documents commerciaux, négligés ou peu lus, ne parlaient que d'armées, de fusils, de canons, d'une guerre imminente, et apportaient les plus sûrs des avertissements. »

Eh bien ! ces documents, ces mémoires, ces avertissements, ils étaient reçus, classés, étiquetés, transmis hiérarchiquement aux personnages compétents. Le ministère de la guerre en avait ses bureaux remplis ; d'autres que le ministre de la guerre les ont eus sous la main, et c'est dans leurs cartons qu'on les a retrouvés après la chute de l'empire. Le pire malheur est donc qu'il n'y ait eu personne pour les utiliser, parmi ceux qui en avaient le pouvoir et le devoir. Ce ne sont pas les mécanismes, ni les rouages, — pas plus que l'argent, — ce sont les hommes qui ont manqué à la France ; non pas les hommes pour servir, ni même pour mourir, mais les hommes pour commander et gouverner. Ce n'est pas le bras qui a faibli, c'est la tête. L'empire a gardé jusqu'à la fin des fonctionnaires et des soldats, il n'a pas fait depuis ses débuts de généraux ni d'hommes d'État.

Trouver des hommes et les chercher partout, dans toutes les classes de la société, pour toutes les professions d'utilité publique, grouper toutes les forces et tous les éléments de vie, refaire à la société des organes et une tête, tel est l'effort inconscient de ce pays mutilé qui tend à se reconstituer ; tel doit être le but de ses chefs politiques.

Oui, il faut accommoder aux besoins nouveaux l'organisation des relations extérieures, comme celle d'autres services publics ; il faut ouvrir la carrière diplomatique aux hommes de talent et de caractère, riches ou non, titrés ou non, monarchistes ou non. Ainsi l'exige un intérêt qui domine tous les autres, celui de la patrie. Il faut, comme dit M. Arago, que nous ne laissions « représenter la France, notre honneur et nos droits, que par des

hommes éprouvés; » il faut « reconstituer l'ancienne diplomatie, ferme, unie, travailleuse, sans
autre privilége que celui du savoir et du patriotisme. »

Le fond du litige écarté, le plan de la réorganisation indiqué, il ne reste plus qu'à en tracer les
lignes, tant pour les services extérieurs que dans
l'administration centrale.

LE CORPS DIPLOMATIQUE

Le personnel diplomatique à l'étranger se compose, on le sait, d'ambassadeurs, de ministres plénipotentiaires partagés en deux classes, de chargés d'affaires, de secrétaires partagés en trois classes et d'attachés.

Les ambassadeurs sont au nombre de huit, accrédités en Allemagne, en Angleterre, en Autriche-Hongrie, en Espagne, en Russie, en Suisse, en Turquie et au Vatican. La Suisse ne possédait qu'un ministre plénipotentiaire français, comme les États-Unis et l'Italie, la Belgique et les Pays-Bas ; ce titre semblait suffisant dans une République pour la représentation d'une République. Mais, depuis

le 24 mai, nous devons supposer que la Suisse a
grandi, à moins que ce ne soit la France, ou simplement son représentant, car M. de Chaudordy est
ambassadeur à Berne.

On compte une vingtaine de ministres plénipotentiaires ; quant au grade de chargé d'affaires, il est
de création récente, et il n'en existe encore qu'un
seul titulaire à Munich.

A tout seigneur tout honneur. Commençons, s'il
vous plaît, par les maréchaux de l'armée diplomatique. Au sujet des ambassadeurs, nombre de questions se posent, et celle-ci tout d'abord : En quoi
diffèrent-ils des ministres ? En théorie, la différence la plus nette paraît consister en ce que le
ministre représente le gouvernement qui l'accrédite,
et l'ambassadeur la personne de son souverain.

Les ambassadeurs ont été les premiers les seuls
agents diplomatiques connus à l'origine ; mais leur
intervention s'est compliquée d'un cérémonial et de
dépenses qui ne facilitaient nullement les négociations. De là le recours à des envoyés moins dispen-
dieux et plus expéditifs, qui reçurent le nom

d'agents, puis de résidents ; car ils avaient des missions permanentes, ce qui n'arriva que plus tard pour les ambassadeurs. La hiérarchie diplomatique ne date guère que du xvii° siècle. En 1815, les questions de rang soulevées à l'occasion du traité de Vienne provoquèrent l'adoption par les huit puissances signataires d'un règlement identique qui partagea les agents en trois classes : 1° les ambassadeurs, auxquels s'ajoutaient les légats et les nonces, et qui ont seuls le caractère représentatif ; 2° les ministres ou envoyés accrédités auprès des souverains ; 3° les chargés d'affaires. En 1818, le protocole d'Aix-la-Chapelle ajouta une nouvelle classe après la seconde : savoir celle des ministres résidents. Chaque État reste toujours libre de régler comme il veut la hiérarchie de ses agents ; mais, comme on pense, il ne peut modifier par son seul fait les règles observées dans les autres États.

En réalité, pour le public, qui se soucie peu des traditions et des formes du passé, quelle est la distinction ? — C'est que les postes les plus importants sont d'ordinaire occupés par des ambassadeurs, et que leur titre se traduit par une supériorité marquée de traitement.

La fiction représentative entraîne bien quelques

conséquences ; par exemple, en tel pays un ambassadeur pourra mettre son chapeau devant le souverain, avant de lire son discours d'audience ; il dînera, comme ferait son maître, à la table même du souverain, tandis qu'un ministre ne pourra que dîner à une autre table ou venir après dîner. Mais laissons les querelles d'étiquette. Le mot d'ambassadeur est-il bon à garder ? qu'on le garde. Il sonne bien, et prend par son ancienneté des airs de noblesse. En telle capitale on a vu de temps immémorial un ambassadeur de France ; ne croira-t-il pas perdre quelques lignes de sa grandeur en perdant quelques lettres de son titre ?

Si l'on veut désigner simplement les gens par leurs fonctions et ne leur donner que l'importance qu'ils en reçoivent, qu'on imite les Etats-Unis, qui n'ont que des ministres. Si l'on s'attache aux vestiges du passé, si l'on rêve une restauration monarchique, qu'on maintienne les ambassadeurs, et qu'on exhume, s'il se peut, leurs culottes et leurs habits d'autrefois. Par malheur, la politique, et même la diplomatie, n'ont plus rien de chevaleresque, et si les épées pèsent dans la balance, ce ne sont pas les épées de parade. L'influence d'un peuple et de ses représentants se mesure par calculs positifs ; le règne des talons-rouges est passé, et quelque ancien trafiquant, ministre des Etats-Unis, en frac noir et sans décoration, tiendra sa place et parlera haut en face de l'ambassadeur le plus noble et le plus chamarré.

« Ce titre de luxe, dit M. Arago, n'ajoute rien qu'au budget, et les grandes puissances devraient bien l'abolir. » C'est ici le point vraiment litigieux. Convient-il de priver nos agents des prérogatives honorifiques dont les agents étrangers continueraient à jouir ? Il est permis d'hésiter. Quoi qu'il en soit, qu'on attende ou non que les grandes puissances nous donnent l'exemple, qu'on efface ou non de la hiérarchie ordinaire « ce titre de luxe, » sauf à le réserver pour certains envoyés extraordinaires en mission spéciale, il est permis de souhaiter qu'il « n'ajoute plus rien » au budget, sauf en cas de nécessité et seulement au chapitre des frais de représentation.

Pour les ministres, autre bizarrerie, autre querelle de mot ; il faut s'y habituer en matière diplomatique. Pourquoi donner le titre d'envoyés extraordinaires et ministres plénipotentiaires aux représentants ordinaires et permanents de la France, qui ont besoin de pleins pouvoirs spéciaux pour signer la moindre convention ? Pourquoi ? Parce que certains gouvernements étrangers, et d'abord, croyons-

nous, le gouvernement anglais, ont conféré ce titre
à des agents qui prirent par là une sorte de supériorité sur les autres. D'où l'impatience qu'eurent
les autres, tout envoyés ordinaires qu'ils fussent, de
se faire adjoindre la même qualité plus ou moins
postiche. Ne pourrait-on clore ces luttes de super-
cherie diplomatique ? Nos représentants ne pourraient-ils s'appeler simplement ministres de France ?
C'est beaucoup moins sans doute ; mais que voulez-
vous ? c'est tout ce qu'ils sont.

Les ministres d'une même classe doivent-ils
recevoir des traitements inégaux ? Assurément, les
postes diplomatiques n'ont pas tous une égale
importance et n'entraînent pas tous des dépenses
semblables. Aussi la question n'est-elle pas de
décider si tous les ministres recevront les mêmes
sommes, mais bien si la différence ne pourrait
résulter d'une allocation spéciale affectée aux frais
de représentation et portant sur le loyer, les équi-
pages et les réceptions. Pour la satisfaction personnelle des agents et par égard pour les gouvernements étrangers, les traitements pourraient être
fixés au même chiffre, et le *casuel* varierait seul
selon les postes.

Pour éviter certains abus, ne conviendrait-il pas aussi de fixer le maximum de l'allocation pour frais de représentation en chaque poste et de solder les dépenses sur états présentés par le titulaire ? Il importe en effet que l'administration puisse constater et apprécier l'emploi de l'argent qu'elle fournit ; il importe que les sommes attribuées pour un objet spécial d'utilité publique ne changent pas de destination. Si les frais de représentation restent compris dans le traitement fixe des agents, comment éviter que le titulaire n'incline à disposer du tout comme d'émoluments qui lui sont acquis au même titre et qu'il peut dépenser, — ou ne pas dépenser ?

Des considérations analogues feront désirer que l'hôtel et le mobilier des grandes légations appartiennent désormais à l'État, et non plus au ministre. Sera-ce une nouvelle charge pour le budget ?

— Non, mais une économie sensible. Quel que puisse être le patriotisme d'un ambassadeur, n'imaginons pas qu'il prenne à son compte les frais d'installation à son poste. C'est l'État qui paie, à nos dépens ; et, chose étrange, la dépense est loin d'en être atténuée. A chaque décès, démission ou déplacement de titulaire, un crédit s'ouvre pour l'installation du successeur. Pourquoi l'État, qui est propriétaire des immeubles et des objets néces-

saires aux services publics en France, ne serait-il
pas au moins locataire de l'immeuble et propriétaire
du mobilier des grandes légations ? Certaines mai-
sons ont trop d'importance et changent trop souvent de locataires pour que l'Etat puisse laisser
emporter les meubles à chaque congé. Encore y
a-t-il des fonctionnaires qui ne demeurent pas trois
mois. Il serait bon enfin que le gouvernement français fût, même à l'étranger, dans ses meubles.

Voilà donc une source d'économies, et nous en
trouverons d'autres. Voilà des fonds disponibles.
Mais, de grâce, messieurs les députés, ne vous
hâtez point d'en disposer. Ce n'est pas une annula-
tion, c'est un virement de crédit que nous vous
proposons ici. Après les gros personnages, il faut
parler des petits, qui passent trop inaperçus.
Depuis trop longtemps on remarque que, par une
inexplicable fatalité, les réductions dans un service ne frappent guère les chefs, mais qu'en revanche, les augmentations ne profitent guère à leurs
subordonnés. La raison, paraît-il, serait tout
arithmétique ; elle consisterait en ce qu'un total de
petites sommes ferait plus qu'une grosse ; d'où cette
conclusion logique qu'il ne faudrait jamais accroître
les petites. Or, les républicains, qui sont tous d'in-
corrigibles révolutionnaires, voudraient changer

cette méthode, et penser quelquefois aux inférieurs.

Ici, d'ailleurs, les inférieurs sont des hommes encore fort importants, à savoir : les premiers secrétaires d'ambassade, puis les deuxièmes et les troisièmes secrétaires. Quels sont leurs traitements ? 12,000 francs pour les premiers, 10,000 et 5,000 pour les autres. Le chiffre, direz-vous, semble honorable. Il le serait à Paris, il ne l'est pas à l'étranger, dans certaines capitales, pour des gens que leur profession même oblige à faire quelque figure dans le monde et qui ne peuvent vivre à leur guise, obscurs et libres, comme les fonctionnaires parisiens. Et sait-on à qui profite cette habile parcimonie ? Aux riches. Comment ne pas déplorer un système qui exclut de la carrière diplomatique, par la longueur du stage non payé et par la modicité des appointements, les hommes sans fortune ou de fortune médiocre ; un système qui livre certaines fonctions comme une sorte de monopole à des personnes qui n'y cherchent parfois qu'un hochet d'amour-propre, une occupation apparente, un moyen d'être décoré vite et beaucoup, un titre qui leur ouvre les salons aristocratiques ou facilite un brillant mariage ?

Daignera-t-on reconnaître enfin que toute peine

mérite salaire, et s'aviser que l'Etat, comme un particulier, n'est jamais mieux servi qu'il ne paie, et qu'il en a, comme on dit, toujours pour son argent ? De deux hommes, l'un qui vit de son tra vail et l'autre qui vit du travail d'autrui, fût-ce du travail paternel accumulé, est-il sage de repousser le premier au bénéfice du second ? Est-il sûr que l'État soit mieux servi par le second que par le premier ?

Nous ne reviendrons pas sur les moyens de recruter et de fortifier le personnel des légations, d'y entretenir l'émulation et d'y développer le talent et les connaissances. Mais nous devons dire quelques mots du nombre des attachés et des secrétaires.

Un décret du 18 août 1856 a fixé le nombre des secrétaires d'ambassade à 62, savoir : 14 de première classe, auxquels il faut ajouter 4 fonctionnaires de l'administration centrale, pourvus du même grade ; 24 de deuxième classe, auxquels se joignent environ 6 employés des bureaux assimilés à cette classe ; 24 de troisième classe, qu'il faut

augmenter d'un nombre égal d'assimilés à l'intérieur. Le même décret déterminait pour l'avancement d'un grade à l'autre des conditions dignes
d'approbation. Car, il est juste de le reconnaître, en
ce ministère comme dans d'autres, les règlements
n'ont d'ordinaire qu'un défaut : celui de ne pas être
appliqués. Quant au nombre des attachés surnuméraires, il était limité à 36. Mais, pour des causes
que nous ne rappellerons pas, il a dépassé 100.
Actuellement réduit à une cinquantaine, il pourrait
sans grande peine être ramené au chiffre normal
de 36, et le surnumérariat ne serait plus en ce cas
prolongé au delà de trois ans, période suffisante
pour mettre à l'épreuve les aptitudes de chacun.

C'est surtout par allusion aux abus qui se sont
produits sous l'empire que M. Arago signale, dans
son rapport, « l'accumulation exorbitante du personnel dans la carrière politique ; » et il rappelle
que la commission du budget, après avoir réclamé
des réductions plus considérables, s'est contentée
de la suppression d'un premier secrétaire, de deux
seconds et d'un troisième, ce qui donne une économie de 37,000 francs.

Assurément, certains secrétaires paraissent inutiles en des légations dont la correspondance est
peu chargée. Dès 1833, le duc de Broglie consta-

tait que « leur nombre excédait évidemment les
besoins du service. » Cependant, outre que les
questions et les rapports internationaux se sont
fort accrus depuis lors, — dans l'hypothèse où les
secrétaires d'ambassade seraient appelés à des travaux sérieux, et où la carrière diplomatique serait
largement ouverte aux agents de la direction commerciale, — il serait opportun de n'opérer les réductions qu'à bon escient, par exemple pour augmenter
le traitement des secrétaires conservés. Il serait
fâcheux, pour un mince bénéfice, de nuire aux
réformes mêmes qui sont urgentes, et de décou-
rager tout un ordre de fonctionnaires. S'ils nous
coûtent cher pour la besogne qu'ils font, en raison
de celle qu'on entend leur demander, ils nous coû-
teraient peu. A un État qui veut être bien servi, on
peut dire, comme au plus simple particulier : Dé-
fiez-vous du bon marché.

LE CORPS CONSULAIRE

Dans les consulats comme dans les légations, ou
trouvera des économies à faire. Non qu'ils soient
encombrés d'agents, car, ainsi que le dit M. Arago :
« Presque tous les consuls n'ont auprès d'eux qu'un
chancelier. » Mais les consuls eux-mêmes et les
vice-consuls rétribués sont-ils partout nécessaires ?
« Un doute à cet égard, répond le rapporteur, serait
vite écarté par la nomenclature des vingt-cinq consulats que nous payons plus de 100,000 francs, en
Espagne et en Italie. » Rappelant la suppression
éventuelle de dix agences commerciales, par un
accord entre le gouvernement et la commission du
budget, le rapport ajoute : « L'économie que nécessiterait la critique attentive des relations et de
l'utilité de trente-trois consulats généraux, de cent
trente-quatre consulats et vice-consuls, ne se chif-

frera clairement qu'au moyen d'une enquête, dont
M. le ministre des affaires étrangères recommandait l'urgence lorsque, rapporteur du budget
de 1873, il enregistrait les promesses de son prédécesseur. Attendons ! »

En attendant, M. Arago soulève plusieurs questions, et notamment celle des consulats généraux.
Aux consuls généraux, il proposerait de substituer
« des consuls de première classe chargés d'affaires,
joignant à leurs qualités commerciales l'investiture
politique ; » et sa conclusion serait que, « comme
il n'existe pas trente-trois villes comme Alexandrie
d'Égypte, Bucharest et Tunis politiquement indiquées pour les chargés d'affaires, » un certain
nombre de consulats généraux se trouveraient
supprimés de fait, au grand avantage du Trésor.

Sans approfondir un débat qui semble réservé à
l'enquête ultérieure, on peut rappeler que les consulats généraux servent à entretenir l'émulation
parmi les agents par l'ambition d'un grade supérieur, et surtout à conserver, dans les lieux où les
puissances nos égales ou nos rivales ont des consulats généraux, des agents français du même grade.
C'est ainsi que la France a un consulat général et

n'en a qu'un par pays, sauf en Italie, où l'on pourrait aisément supprimer ou diminuer d'importance
plusieurs postes commerciaux.

Quant à la dénomination de consul chargé d'affaires, on ne manquera pas d'objecter qu'elle s'é-
carte du langage et des usages internationaux sur
la matière. Dans le langage ordinaire, on ne donne
le titre de chargés d'affaires qu'à des agents accrédités auprès d'un gouvernement indépendant. Tel
est le consul général de France à Montevideo ou à
Caracas. Mais ce titre n'est pas même attribué à
l'agent placé auprès du vice-roi d'Égypte, ou du
bey de Tunis, ou du prince de Roumanie, qui sont
des vassaux de l'empire ottoman.

On regrettera sans doute que les fonctionnaires
les plus élevés du corps consulaire soient obligés,
en certains cas, de subir l'ingérence des agents diplomatiques. En effet, nous avons montré qu'un
consul, n'ayant à veiller sur les intérêts civils et
commerciaux de ses compatriotes que dans l'éten-
due de son ressort, doit recourir à l'assistance de
nos représentants politiques lorsqu'une affaire cesse
d'être locale et s'élève jusqu'au gouvernement central du pays étranger. Mais ce n'est là qu'une division d'attributions et de compétence que nous devons respecter hors de chez nous, puisque nous la

faisons respecter en France par les agents étrangers. Il serait importun pour un gouvernement d'être en relations avec une représentation multiple du même pays, et il serait fâcheux pour ce pays même de faire débattre par des agents différents, auprès du même gouvernement, des affaires d'importance générale.

D'ailleurs, les consuls ne relèvent que du ministre et correspondent directement avec lui ; de lui seul émanent les instructions générales. Il ne s'agit donc que d'une subordination de services, et ce n'est pas à la répartition des attributions que sont dus l'antagonisme et les conflits qu'elle avait précisément pour objet d'éviter. S'il y a quelque gêne, quelque vice dans les rapports et la situation respective du personnel diplomatique et du personnel consulaire, M. Arago en a indiqué les vraies causes et les vrais remèdes, quand il a réclamé l'unité de carrière.

Au sujet des élèves-consuls, nous nous bornerons à mentionner l'opportunité de remplacer leur titre, dont la signification est vague et inexacte, par celui de vice-consuls, à moins que l'on ne préfère celui de secrétaires de consulats. M. Arago ac-

cepterait volontiers la création de cette dernière
classe de fonctionnaires. Mais peut-être y aurait-il
quelque inconvénient à l'organiser parallèlement à
celle des secrétaires d'ambassade, qui est si nom-
breuse. Ne serait-on pas tenté d'étendre les cadres
ainsi préparés? Songeons qu'il n'y a que quinze
élèves-consuls, et que la qualité de vice-consul sera
pour eux plus précise et mieux appréciée que celle
de secrétaire de consulats. Le rôle de secrétaire,
important dans toute légation, ne l'est que dans
un petit nombre de consulats généraux, et le personnel actuel y suffit amplement.

Nous ne voyons, en résumé, que peu de modifications à introduire dans l'organisation consulaire.

On reproche parfois aux consuls de ne pas four-
nir d'indications suffisantes à notre commerce d'ex-
portation, et l'on voudrait, pour obvier à cet inconvénient, qu'ils fussent à l'avenir choisis parmi les
négociants français résidant à l'étranger, et qu'ils
dépendissent du ministère du commerce.

Nous nous bornerons sur ce point à noter que,
si nos consuls ont le devoir d'adresser au gouvernement les informations commerciales qu'ils peuvent

recueillir, ce n'est pas là leur attribution essentielle, au moins dans la plupart des postes. Ne sont-ils pas les protecteurs plutôt que les représentants du commerce français? Ne serait-ce pas une illusion que d'attribuer, même à ceux qui seraient commerçants de profession, une connaissance assez approfondie des diverses branches de l'industrie pour espérer d'eux, sur chacune de ces branches, des renseignements propres à assurer les opérations et les spéculations commerciales? Les négociants seront renseignés mieux et plus vite par leur correspondant spécial, et c'est précisément pour le choix de ce correspondant qu'un consul peut être utile à ses nationaux.

Enfin, trouverait-on partout des commerçants disposés à négliger leurs propres affaires pour s'occuper de celles d'autrui? Le titre de consul ne serait-il pas souvent pour eux une pure satisfaction honorifique ou une occasion de bénéfices? N'est-ce pas ce genre même d'inconvénients que présente la situation des agents consulaires non rétribués, qui usurpent volontiers la qualité de consuls, sans présenter les mêmes garanties qu'eux? L'organisation actuelle permet d'apprécier, par cet exemple, ce qu'il faudrait attendre des consuls-négociants : même sur les questions purement commerciales, la

correspondance des agents consulaires est toujours
inférieure à celle des « consuls de carrière. » Enfin,
si le corps consulaire est appelé à concourir au
recrutement du corps diplomatique, il est indispensable que le personnel soit tout entier sous la direction du ministère des affaires étrangères.

Est-ce à dire qu'il n'y ait aucune réforme à opérer
dans le service ? Assurément non. Tout d'abord, les
consuls devant réunir un ensemble de connaissances générales et de connaissances professionnelles, il importe que la carrière consulaire ne soit
pas le refuge des déclassés de la politique et de
l'administration ; les fonctions d'agent vice-consul
ne doivent plus servir de chemin détourné pour
« faire arriver » en quelques années quelque fruit
sec des concours ; elles doivent être réservées aux
chanceliers pour les mener au grade de consul.

Au-dessous des consuls sont les chanceliers. Que
sont les chanceliers ? Les notaires des consulats et
des légations. La chancellerie, suivant la définition.

d'un homme du métier, est à la fois un secrétariat,
une étude de notaire et une caisse. C'est à la chancellerie que sont reçus les divers actes qui rentrent
dans la compétence des consuls ; c'est là que sont
déposées les minutes et que sont délivrées les expéditions ; c'est là que sont gardés les registres et les
archives du poste. Chaque poste diplomatique ou
consulaire est pourvu d'un chancelier ; et comme les
chefs de missions diplomatiques ont, en matière de
chancellerie, les mêmes attributions que les consuls, nous ne parlerons que des chanceliers de consulat, qui sont les plus nombreux.

Les chanceliers ont été longtemps choisis par les
consuls ; et les Anglais ont conservé ce système, qui
réunit la responsabilité sur la même tête. Mais
depuis 1833, pour exercer une action plus directe
sur le service et le recrutement des chanceliers, le
pouvoir central s'est réservé le droit de les nommer.
Leurs émoluments se composent d'un prélèvement
fixe et de remises décroissantes sur les recettes de
la chancellerie, c'est-à-dire sur les frais et droits
d'actes délivrés aux nationaux.

Le rapport de la commission témoigne aux chanceliers une estime et une sollicitude dont ils sont
dignes. Frappé de l'expérience que peuvent acquérir

« ces modestes fonctionnaires, qui travaillent presque ignorés, dans l'ombre, » M. Arago rappelle la circulaire de M. Drouyn de Lhuys, écrivant en 1853 « qu'il faudrait confier la majeure partie de ce labeur essentiel (les traductions, les copies, les actes de commerce, la tenue des registres) aux attachés qui le dédaignent, qui négligent ainsi le moyen d'acquérir les premiers éléments de l'éducation diplomatique. »

Qu'il puisse se former et qu'il se forme dans les chancelleries des hommes dignes de parvenir aux plus hauts grades, nul n'en doute. A ces hommes, il serait aussi malhabile, aussi injuste de fermer la carrière ou de limiter l'avenir, qu'il le serait d'écarter du corps des ingénieurs certains employés qui, sans être sortis de l'École polytechnique, ont, à force d'intelligence et de labeur, complété leur éducation.

Les chanceliers, qui sont le plus souvent des hommes instruits, ne doivent pas être exclus des postes consulaires ou diplomatiques, bien qu'ils ne doivent y être admis que si leurs aptitudes et leurs connaissances y marquent leur place. Car le meilleur notaire pourrait être un médiocre diplomate ; et il importe qu'il y ait de bons chanceliers, et qu'il n'y ait pas que de bons consuls. Serait-il prudent

de confier à un attaché novice la rédaction d'un
contrat de mariage ou la confection d'un testa-
ment?

Un décret de 1869 a divisé les titulaires des
chancelleries diplomatiques et consulaires en trois
classes ; et la classe est attachée à la personne de
l'agent, indépendamment du poste qu'il occupe.
Après dix ans de service comme chanceliers, dont
trois au moins comme chanceliers de première
classe, les titulaires peuvent prétendre à un consulat. A ce moment, la carrière leur est ouverte ; et
elle le serait plus largement, si, comme nous le
souhaitons, l'unité des carrières diplomatiques et
consulaire était consacrée.

Pourquoi demande-t-on dix ans de service aux
chanceliers avant de les appeler aux consulats ?
C'est qu'ils n'ont pas été soumis, à leur entrée dans
les chancelleries, aux conditions d'admission dans
la carrière consulaire. Faut-il, ainsi que le désire-
rait M. Arago, leur donner de droit le rang de consul après ces dix années de service ? Outre que
cette réforme serait peu profitable au budget, l'assimilation des titres pourrait entraîner une confusion
d'attributions et mettre les services en souffrance.
D'ailleurs, ce n'est pas l'amour-propre des chance-

liers, c'est leur ambition légitime qu'il s'agit de satisfaire. Il faut donc que l'avancement soit pour eux, non une satisfaction apparente, une distribution de faveurs égales entre tous, mais une récompense réelle, un hommage personnel accordé au mérite.

Ce que nous disons des chanceliers, nous le dirons des secrétaires-interprètes et des drogmans, qui cumulent généralement leurs fonctions avec celles de chancelier, et qui, dans les grands postes consulaires du Levant, ont un rôle considérable.

On compte trois secrétaires-interprètes nommés parmi les drogmans et résidant à Paris. Quant aux drogmans, leur nombre n'est pas limité ; il est fixé, ainsi que leur résidence, selon les besoins du service. Ils sont choisis parmi les élèves-drogmans employés en Orient ; et ceux-ci se recrutent parmi les drogmans auxiliaires, les *jeunes de langue* et les élèves de l'école des langues orientales à Paris.

A notre avis, les drogmans ne devraient être pris que parmi les drogmans auxiliaires et parmi les élèves des écoles de langues orientales diplômés. Les *jeunes de langue* sont des élèves boursiers au *lycée Louis-le-Grand ; ils mènent de front leurs études littéraires et l'étude des langues turque et arabe, et n'obtiennent dans ce double travail que de médiocres résultats ; ils n'en sont pas moins nommés, à leur sortie du lycée, élèves-drogmans, titre qui leur ouvre la carrière du drogmanat. La plupart d'entre eux ne peuvent être employés dans les Echelles du Levant que comme chanceliers, faute d'une connaissance réelle des usages du pays. D'où la nécessité de leur adjoindre des drogmans auxiliaires pris sur place. L'école des langues orientales ne devrait-elle pas, au contraire, être la pépinière du drogmanat ? n'est-ce pas l'idée de l'institution et le vœu de la loi, qui dispense du service militaire l'élève contractant un engagement de dix ans à l'égard de l'État ? Les drogmans les plus capables sont appelés aux consulats d'Orient et d'extrême Orient, et ne le seraient-ils pas plus souvent encore si l'admission au drogmanat présentait des garanties plus sérieuses ?

En résumé, partout la même idée s'impose au nom de la justice et de l'intérêt public : pas de priviléges et pas d'exclusion ; appel à tous et place aux plus dignes.

LES SERVICES INTÉRIEURS
DU MINISTÈRE

———

Direction des affaires politiques et direction des affaires commerciales, direction des archives et de la chancellerie, direction des fonds et cabinet, tels sont, nous l'avons dit, les services du département des affaires étrangères.

La direction des affaires politiques est actuellement partagée en quatre sous-directions dont trois répondent aux grandes divisions géographiques : sous-direction du Nord, sous-direction du Midi et de l'Orient, sous-direction de l'Amérique et de l'Indo-Chine. La quatrième sous-direction, celle du contentieux, est consacrée aux questions de droit public international et de droit maritime, aux questions de nationalité et d'extradition, aux réclamations d'étrangers contre le gouvernement français ou de Français contre un gouvernement étranger, aux conventions postales, etc. Elle remplit en France le rôle des jurisconsultes de la Couronne en Angleterre.

Cette organisation pourrait être, selon nous, conservée dans son ensemble, sous la réserve de l'unité de carrière diplomatique ou consulaire et de la réunion du personnel aux mains d'un secrétaire général. Peut-être conviendrait-il de modifier quelques points, et par exemple de mieux délimiter les attributions entre le contentieux et les autres services. Pourquoi ne pas charger le contentieux des questions d'immunités et de priviléges diplomatiques et ne pas rendre les questions postales à la direction des affaires commerciales qui s'occupe des chemins de fer et des télégraphes?

La direction des affaires commerciales pourrait être également maintenue dans son cadre actuel. Elle est partagée, par zones géographiques, en trois sous-directions, auxquelles devrait être rattaché, selon nous, le service de la chancellerie, service spécial et considérable qui répondrait symétriquement, comme une sorte de contentieux privé, à la sous-direction du contentieux politique. C'est à la chancellerie que se rapportent les affaires d'intérêt privé, les actes de l'état civil et le règlement des successions à l'étranger, les légalisations et *visa* de passeports, la transmission des actes judiciaires et des commissions rogatoires. Actuellement, la chancellerie, jointe aux archives, forme une direction spéciale partagée en deux sous-directions. Mais le budget gagnerait à leur séparation par une suppression de titres, et aussi l'ordre des services.

Le personnel des deux directions politique et commerciale qui constituent, à proprement parler, le *Foreign Office*, est assimilé, non pour les appointements, mais pour les grades, aux fonctionnaires du service extérieur, savoir : les directeurs, aux ministres plénipotentiaires ; les sous-directeurs, aux secrétaires de première classe et aux consuls généraux ; les rédacteurs, aux secrétaires de deuxième classe et aux consuls ; les attachés payés aux secrétaires de troisième classe et aux élèves consuls : les attachés surnuméraires, aux simples attachés d'ambassade.

Nous demanderons s'il ne conviendrait pas d'exiger, comme il se fait dans la marine, un certain temps de service au dehors pour parvenir aux grades supérieurs, de façon que tout fonctionnaire passe au moins quelques années de sa carrière à l'étranger. Un mouvement constant de personnel, de l'intérieur à l'extérieur, ne serait pas moins utile au fonctionnement des bureaux qu'aux fonctionnaires chargés d'un poste.

Avec la direction des archives, nous abordons les services spéciaux du département. C'est aux archives que sont déposés et classés les correspondances, documents et traités diplomatiques ou commerciaux, la bibliothèque, les plans et les cartes. On sait avec quelle jalousie le ministère des affaires étrangères a longtemps caché les pièces les plus précieuses pour l'histoire et les plus inoffensives pour notre politique étrangère. Ce n'étaient plus des archives, c'étaient des arcanes où les initiés n'avaient guère entrée plus libre que le profane vulgaire, où le mystère planait et le jour s'éteignait comme au sanctuaire le plus reculé d'un temple d'Isis. On publiait au *Livre jaune* des dépêches de l'année courante; mais communiquer à quelque écrivain, celles du xviie ou du xviiie siècle, de Lyonne, Bernis ou Choiseul? quelle horreur! L'impiété pourtant a été commise, et grâce à M. le duc Decazes, de nouvelles mesures l'aggraveront encore.

La classe des impies, parmi lesquels figurent de droit les publicistes, ne peut qu'approuver l'initiative récente du ministre. Il faut pardonner et permettre au public de s'instruire des affaires du passé, qui sont encore les siennes. Sans doute, ce qui touche aux intérêts actuels doit être réservé; la limite et la mesure, voilà ce qu'il s'agit de déterminer.

La direction des archives, étant allégée de la chancellerie, se trouverait ramenée aux proportions d'un simple bureau.

La direction des fonds est chargée de la comptabilité et de la correspondance en matière de comptes, des écritures et des registres prescrits par les règlements, de la liquidation des frais de service et des pensions de retraite. Mais pourquoi le service de la comptabilité a-t-il pris rang de direction? Serait-ce parce que là se prépare le budget du ministère, se règlent les dépenses et se répartissent les fonds? Comment tenir les cordons de la bourse sans devenir un personnage? Comment le chef comptable ne grossirait-il pas son importance de celle que chaque fonctionnaire attache à la question d'argent? N'est-ce pas en une question d'argent que se résolvent, et par une question d'argent que se traduisent tous les avantages et toutes les faveurs?

Si le comptable déclare qu'il n'y a pas de fonds, rien ne se fait; qu'il en trouve dans quelque coin du budget, tout est possible. Est-ce là le secret de la haute fortune qui a érigé la comptabilité en direction? Le directeur politique et le directeur commercial ne pourraient-ils pas régler eux-mêmes, sous le contrôle du secrétariat général, l'emploi des crédits accordés à leurs directions; ne suffirait-il pas que la comptabilité formât un bureau, et la préparation du budget n'incomberait-elle pas naturellemént au secrétaire général?

Les bureaux des archives et de la comptabilité, joints à ceux du protocole, des traducteurs et du chiffre, qui sont actuellement rattachés au cabinet, forment l'ensemble des services spéciaux et intérieurs, et pourraient être groupés sous l'autorité d'un seul directeur assisté d'un sous-directeur. C'est au bureau du protocole, on le sait, qu'appartiennent les expéditions de traités et de ratifications, de pouvoirs et de commissions, les lettres de créance et le cérémonial. Le bureau du chiffre s'occupe uniquement de chiffrer ou de déchiffrer les dépêches dont on veut garantir le secret. Quant au bureau des traducteurs, son travail porte sur les documents politiques et commerciaux et sur les actes judiciaires. Suivant nous, il serait utile d'y rattacher l'examen des journaux étrangers et le service des interprètes.

Le dernier bureau que nous ayons à mentionner, le bureau du départ et de l'arrivée des correspondances et des courriers, resterait sous la dépendance immédiate du secrétaire général ; et quant au cabinet, il serait composé, au gré de chaque ministre, d'employés empruntés aux directions politique et commerciale, où ils garderaient leur rang. En effet, les attributions du cabinet, qu'il est bon de ramener à leur exacte mesure, sont toutes de confiance ; elles comprennent la correspondance personnelle du ministre, l'ouverture des dépêches et les audiences.

Quelles devraient être les conditions d'admission dans les différents services ainsi constitués ? Nous avons montré l'utilité d'établir l'unité de concours à l'entrée de la direction des affaires politiques et de la direction des affaires commerciales.

On pourrait adopter, sauf modifications de détail, le programme qui a été fixé en 1868 et qui est actuellement en vigueur pour les candidats au surnumérariat dans la direction commerciale (1).

Les candidats admis auraient par ordre de classement le choix entre les deux directions, et le nombre des admis serait calculé d'après le nombre des places de secrétaires, élèves-consuls, et attachés payés, de façon que le surnumérariat ne dépassât pas trois ans. Le stage se ferait, au ministère, moitié dans la direction politique, moitié dans la direction commerciale; à l'étranger, l'attaché d'ambassade serait employé, sous la direction du chef du poste, à des travaux commerciaux et à des travaux politiques.

A l'expiration du stage, les surnuméraires ou attachés seraient soumis, non plus à un concours, mais, comme le désire M. Arago, à un examen de classement, examen simple et pratique portant à la fois sur des matières politiques et commerciales, et destiné surtout à mettre en lumière les connais-

(1) Nous rappellerons que ce programme comprend des épreuves orales et écrites sur des matières de droit administratif, de droit commercial, de droit des gens, d'histoire diplomatique, d'économie politique, de géographie, de langues vivantes. Il exige, en outre, que les candidats justifiant du diplôme de licencié en droit, ès lettres ou ès sciences.

sances et les aptitudes professionnelles. Ce serait,
par exemple, pour les épreuves écrites, soit l'analyse d'un ensemble de correspondances politiques
ou commerciales, soit un rapport à rédiger d'après
une série de journaux français ou étrangers. Ceux
qui satisferaient à cet examen seraient, au fur et à
mesure des vacances, nommés, suivant leurs préfé-
rences, secrétaires de troisième classe ou vice-
consuls, nous voulons dire élèves-consuls. Leur
avancement se ferait ensuite, dans la carrière diplomatique ou consulaire, suivant leur aptitude et
leurs services reconnus.

Les chanceliers devraient justifier du grade de
bachelier et d'un stage de trois ans au moins en
qualité de clerc de notaire ou de commis de chancellerie. Quant aux drogmans, il conviendrait,
comme nous l'avons dit, qu'ils fussent élèves diplômés de l'école des langues orientales, ou drogmans
auxiliaires depuis trois ans au moins.

Si nous passons aux services intérieurs et spéciaux, nous devons constater avec regret que, jusqu'à ce jour, pour y être admis, aucune garantie
d'aptitude n'est exigée, bien qu'un décret de 1870

demande pour tous les services du département
sans distinction le diplôme de licencié en droit.
Tel commis de la comptabilité ou des archives n'en
invoque pas moins la qualité d'attaché ou rédacteur au ministère, pour se faire nommer secrétaire
d'ambassade, vice-consul ou même consul. Il faut
empêcher, d'une part, qu'on ne puisse échapper,
par des chemins détournés, aux épreuves jugées
nécessaires; d'autre part, pour les employés des
services intérieurs,. le diplôme de bachelier pourrait suffire, sans préjudice des connaissances spéciales :

Pour le protocole, un examen sur l'histoire
diplomatique, le cérémonial, la préparation des
instruments des traités, etc. ; — pour le bureau du
départ et de l'arrivée des dépêches, un examen sur
la géographie, les postes, les télégraphes ; — pour
le bureau des archives, un diplôme de l'école des
Chartes ; — pour le bureau de la comptabilité, un
examen analogue à celui du surnumérariat au
ministère des finances ; — enfin pour le bureau
des traducteurs, une connaissance approfondie des
langues allemande, anglaise, italienne, espagnole,
sauf à adjoindre des traducteurs spéciaux pour les
langues slaves, les langues de l'Orient et de l'extrême
Orient.

CONCLUSION

Après avoir indiqué les points à débattre et les
réformes à étudier dans l'organisation du ministère
des affaires étrangères, s'il nous était permis de
présenter, dans son ensemble, le tableau de la
réorganisation possible, voici celui qui s'offrirait à
nous.

Au-dessous du ministre, un secrétaire général,
chef du personnel, désigné naturellement pour les
fonctions de conseiller d'État en service extraordinaire. Auprès du secrétaire général, un bureau du
départ et de l'arrivée des dépêches, pour l'enregis-
trement et la distribution des correspodances aux
différents services, après qu'elles ont été ouvertes
au cabinet et soumises au ministre.

Trois directions : direction des affaires politiques,
direction des affaires commerciales, direction des
services intérieurs ; les deux premières divisées

chacune en quatre sous-directions, et la troisième en cinq bureaux, comme nous l'avons indiqué. Un emploi serait ainsi créé, celui du secrétaire général ; mais quatre au moins seraient supprimés : un directeur, un sous-directeur et deux chefs de bureau.

A l'extérieur, le personnel diplomatique se composerait encore — la question des ambassadeurs étant réservée — de ministres de 1re et de 2e classe, de chargés d'affaires, de secrétaires de trois classes et d'attachés. A tous ces grades, sauf à celui de ministre, répondraient exactement les suivants dans le corps consulaire : les consuls généraux assimilés aux chargés d'affaires ; les consuls de 1re et 2e classe assimilés aux 1re et 2e classe des secrétaires d'ambassade; les vice-consuls (et non plus élèves-consuls) assimilés aux secrétaires de 3e classe. Chaque agent politique ou commercial pourrait donc être, suivant ses aptitudes, appelé au grade équivalent ou supérieur dans le service commercial ou politique.

Les réformes que nous avons indiquées sont-elles réalisables? On nous permettra de n'en pas douter. Sont-elles de nature à troubler les services ou le personnel? — Les services, assurément non ; car rien n'est touché de ce qui est essentiel à leur fonctionnement. Quant au personnel, ses intérêts légitimes doivent être sauvegardés, et le seraient sans peine.

Sans doute, le personnel diplomatique a souffert de la suppression de certains États souverains, qui a entraîné celle de certains postes, en Allemagne. Mais, en vérité, le public n'y est pour rien et notre diplomatie y est pour quelque chose. Les hommes de mérite — et ce sont ceux-là surtout qui nous préoccupent — souffrent surtout des abus et des vices de l'organisation actuelle; ils souffrent de la défaveur qui s'est attachée à la carrière. Or, comment y mettre fin, sinon par une organisation nouvelle?

Faut-il méconnaître les *droits acquis?* — Droits ou convenances, nul ne songe à violer ce qui mérite respect. — « Nous accorderions volontiers, dit M. Arago, que, transitoirement, les réformes ne touchent point tels ou tels fonctionnaires, dont on respecte le passé. Les ménagements, les égards, les atténuations, que nous sommes loin de combattre, exigeront peut-être des pensions de retraite et des appointements de non-activité. »

Répétons-le encore, les individus ne doivent pas être lésés sans dédommagement, fût-ce au profit de l'État. Mais l'intérêt individuel ne peut suspendre des mesures d'intérêt public. Les moyens de conciliation et de transition manquent-ils au gouvernement? Lui est-il interdit de modifier certaines fonctions en appelant les titulaires à d'autres, qui leur offriront des avantages équivalents ou même supérieurs?

Pourquoi donc les hommes de la carrière, et surtout ceux qui ont devant eux l'avenir, s'enfermeraient-ils dans leurs regrets et leurs défiances? Quelle qu'elle soit, l'organisation nouvelle leur laissèra la route libre. Quel est, parmi leurs griefs, celui qu'ils ressentent peut-être le plus? C'est l'introduction, dans les postes les plus élévés, de personnes étrangères à la carrière consulaire ou diplomatique. Eh bien! l'union des carrières diplomatique et consulaire ne promet-elle pas au personnel de chacune des compensations et des situations enviables?

D'ailleurs, est-il si regrettable que des députés influents, des publicistes de talent, des personnages de grande réputation soient admis à repré-

senter à l'étranger la politique qui leur a donné en
France un rôle prépondérant ? Avant de se plaindre
que les situations les plus flatteuses soient ainsi
données à des *intrus*, qu'on se demande si elles
ne sont pas aussi les plus exposées ; et peut-être
l'exemple de diplomates brusquement rendus à
la vie privée donnera-t-il à réfléchir aux moins
modestes.

Ne semble-t-il pas, que dans la politique, extérieure comme dans le gouvernement intérieur d'un
pays, dans la diplomatie comme dans l'administration, il y ait deux parts à faire : la première, la
part des éléments fixes, représente l'objet propre
des différents services, les traditions et les intérêts
stables, l'esprit de suite et l'expérience profession-
nelle ; c'est le domaine des hommes du métier, des
hommes spéciaux, et tous y ont leur utilité, bien
qu'elle puisse ne pas se borner là. Mais ne faut-il
pas aussi faire la part des éléments variables, des
changements de système et de programme, de
l'esprit régnant en politique générale, des circonstances et des nécessités présentes, du flux et du
reflux des opinions, en un mot de ces mouvements
incessants qui constituent la vie d'une société, et
auxquels doivent se plier ses organes et ses fonc-

tions? Ce sera le domaine de ceux qui peuvent représenter le mieux, en chaque ordre de services, les idées et les besoins actuels. Telle est la cause, telle est la loi des évolutions du pouvoir et des changements de ministères, au-dessus des services publics supposés fixes. Qu'un pays change ou non de régime ou de cabinet, il faut qu'il vive ; et, de fait, la vie normale s'est continuée chez nous, au lendemain même des révolutions.

C'est à représenter les éléments fixes de l'administration que servent les secrétaires généraux et que devaient servir, paraît-il, les sous-secrétaires d'État ; et c'est ce rôle de secrétaires généraux que pourraient prendre en chaque légation les premiers secrétaires d'ambassade. Qui ne comprend en effet l'utilité de retenir, d'intéresser à son maintien en chaque poste, un agent qui y aurait acquis une expérience et une influence particulières, qui fournirait en toute occasion les avis, le concours, et les moyens d'action opportuns ? Pour obtenir ce résultat, que faut-il? Diminuer la distance qui sépare les premiers secrétaires des ministres plénipotentiaires ; et tout d'abord, ainsi que nous l'avons dit, accroître le traitement des secrétaires, qui est le plus souvent d'une notoire insuffisance. N'avons-nous pas proposé assez d'économies ?

Que les secrétaires acquièrent des situations vraiment honorées et rémunérées, ils s'étudieront à les conserver et à les accroître par les services rendus. Qu'on donne quelque satisfaction aux ambitions légitimes et quelques stimulants à l'activité du personnel diplomatique et consulaire, qu'on encourage tous les agents, qu'on honore toutes les fonctions, et la France sera mieux servie.

C'est là notre conclusion, car il s'agit d'un service public, c'est-à-dire du service public. De grands devoirs s'imposent aux agents de la France, après les malheurs qui l'ont frappée.

Bien que le mot d'étranger ne soit plus, à notre époque, synonyme d'ennemi, veiller à l'étranger, c'est défendre la patrie; et c'est combattre pour les concitoyens, que de protéger leurs intérêts. Nos agents ne le disent-ils pas? Toute situation à l'extérieur est un poste. — C'est par la diplomatie que s'ouvre et se clôt la guerre; c'est à l'avant-garde et à l'arrière-garde de l'armée que marchent les diplomates; et si l'armée soutient les guerres, c'est la politique qui les fait.

S'il est vrai que nos revers diplomatiques ont

précédé les désastres militaires et la crise nationale, que nos diplomates et notre diplomatie vien-
nent en aide à nos soldats et à nos hommes d'État!
Mieux que d'autres, ils doivent savoir et peuvent
faire ce qu'il faut pour nous relever aux yeux des
autres peuples. Car notre infortune n'a pas désarmé
partout les rancunes et les défiances, la jalousie ou
la haine.

Et pourtant, loin de troubler la vie des autres
peuples, la France ne songe qu'à refaire la sienne.
La paix et le travail, tels sont ses vœux. Le règne
du droit et de la justice entre nations comme entre
concitoyens, voilà son idéal. Depuis les temps
modernes, c'est à de telles idées qu'elle a dû sa
véritable grandeur et son influence durable en
Europe, au milieu même de ses défaites et malgré
ses révolutions. Bien que la nécessité l'oblige à
reconstituer ses moyens de défense, c'est par de
telles idées plus que par la force ou la ruse qu'elle
gardera son rôle et son rang dans le monde.

Organisation militaire et relations extérieures,
tels sont donc les services nationaux qui éveillent
la sollicitude la plus vive. Mais tandis que le premier ne peut être ni de la compétence ni de la
discussion publiques, le second exige un débat au
grand jour. Pour celui-là plus encore que pour les

autres dont l'Assemblée nationale a entrepris la révision, il est juste et nécessaire de faire appel à l'opinion publique. Aussi bien, la commission et son rapporteur ne prétendent pas imposer des solutions, mais poser les questions. Ce qu'ils demandent, c'est une discussion d'où se dégagent le principe et l'esprit de l'organisation nouvelle ; ce qu'ils souhaitent, c'est un vote qui donne pour base à cette organisation l'union des carrières diplomatique et consulaire.

A cette enquête solennelle nul ne peut refuser son concours, ni ses remercîments à ceux qui l'ont ouverte.

Le *Journal Officiel* du 8 juin 1874 a publié le rapport de M. de Rainneville, membre de l'Assemblée nationale, sur le ministère des affaires étrangères, au nom de la commission du budget de 1875. L'auteur discute les conclusions de la commission des services administratifs et l'œuvre de M. Arago sans les nommer. Nous donnons plus loin des extraits de ce document, en y joignant les courtes observations qu'il comporte.

RAPPORT

FAIT AU NOM DE LA COMMISSION DES SERVICES ADMINISTRATIFS

sur le

MINISTÈRE DES AFFAIRES ÉTRANGÈRES

et déposé

PAR M. E. ARAGO

SUR LE BUREAU DE L'ASSEMBLÉE NATIONALE

LE 20 FÉVRIER 1874

PREMIÈRE PARTIE

Messieurs,

Si votre commission (1) n'avait étudié que l'organisme intérieur du ministère des affaires étrangères, elle viendrait sans doute vous proposer quelques réformes, expliquer notamment que des économies se pourraient obtenir

(1) Cette commission est composée de MM. Corne, président; Charton, Déseilligny, vice-présidents; Savoye, Delorme, secrétaires; Daussel, de Gavardie, Humille, Emmanuel Arago, le vicomte de Bonald, Boullier, Pelletan, Giraud, Delacourt; Jozon, Calemard de La Fayette, Foubert, le comte de la Monneraye, de Marcère, Du Breuil de Saint-Germain, de Rémusat, Mathieu-Bodet, Barthe, Turquet, Lamy, Charles Rolland, de Kergorlay, baron Decazes, de La Borderie.

sur le personnel trop nombreux de quatre directions,
lors même que le cabinet du ministre et le secrétariat ne
conserveraient point tous les fonctionnaires qui s'y rencontrent aujourd'hui ; mais l'Assemblée n'a pas ainsi
borné notre champ d'analyse ; et, comme la valeur d'un
régime administratif tient principalement à son utilité,
nous interrogerons le système suivi pour la représentation extérieure de la France, nous lui demanderons s'il
nous sert bien encore.

Classées avec méthode et selon les attributions qui
motivent leurs titres, les quatre directions que nous allons nommer : direction des affaires politiques et du
contentieux, direction des consulats et des affaires commerciales, direction des archives et de la chancellerie,
direction des fonds, ne se lient pas également à l'action
publique ou secrète de nos missions officielles. Les deux
dernières, en effet, ne participent guère qu'au mouvement central de l'administration, tandis que les deux
autres, la direction des affaires politiques et du contentieux, la direction des consulats et des affaires commerciales, inspirent et gouvernent tous nos représentants.

Ce système exposé, nous remarquons et critiquons
d'abord une séparation nettement établie entre la politique et le commerce, entre les diplomates et le corps
consulaire ; séparation maintenue, quoique modifiée,
depuis les ordonnances et les édits royaux du dix-sep-
tième siècle.

L'histoire nous apprend qu'elle était absolue quand les

consuls de France, ne dépendant que de l'amirauté, pro-
tégeaient seulement sur les côtes d'Afrique, dans les
Echelles du Levant et de Barbarie, les très-rares navires
qui trafiquaient alors sous notre pavillon. Après 1789,
quand l'industrie française éprouva le besoin de se développer, le gouvernement dut songer à la marine marchande, et, dès le 8 août 1814, M. de Talleyrand, ministre des affaires étrangères, enjoignait aux consuls de lui
communiquer leurs informations générales.

« Le moindre oubli de cet ordre menacerait, dit-il, notre
politique et notre commerce, dont les intérêts et la direction ne peuvent être séparés. » Soixante années de luttes
ont rendu visible et certain ce que Talleyrand pressentait
en 1814 plus qu'il ne l'observait; le commerce décuple, à
force d'énergie, la richesse du monde; on le trouve partout si puissant, que les guerres des nations rivales ne
restent plus jamais exclusivement politiques. Nos pactes
d'alliances et nos traités de paix règlent en même temps
des questions de frontières et des tarifs de douanes.

Il faut donc souhaiter qu'une diplomatie doublement
compétente préside aux changements que le génie moderne apporte chaque jour dans nos relations extérieures;
et nous rappelons sans tarder que la commission du budget de 1871 émettait avant nous l'idée de réunir « deux
carrières distinctes qui se connaissent peu... » Son honorable organe, M. le duc Decazes, disait et démontrait
« que les mêmes agents devraient expédier les affaires
politiques, commerciales, contentieuses, dont l'étroite
connexité ne saurait être contestée ; » que cela produi-
rait « une grande simplification et une réelle économie. «

Rien de plus sérieux qu'un vœu parlementaire aussi
bien formulé, rien de plus sage. Cependant, nous ne

l'opposerons pas à l'orthodoxie rigoureuse des vieilles
ambassades où, devant les deux mots « diplomatie commerciale, » on penserait que le premier déroge en se lais-
sant accoster du second ; — les partis pris ne se discutent point. — Nous le soutiendrons mieux contre les
bureaux qui prétendent que le mécanisme central du régime actuel utilise à merveille tous les renseignements,
tous les avis reçus, parce que les agents de la direction
consulaire ont le droit d'adresser copie de leur dépêches
à la direction politique ou au secrétariat; nous la défen-
drons mieux contre cette assertion, trop administrative,
que nous avons tort de blâmer une séparation purement
nominale, puisque des agents politiques deviennent fréquemment consuls de première classe ou consuls généraux, et que d'anciens consuls sont devenus ambassadeurs.

Voilà des arguments qui, loin d'affaiblir notre thèse,
vont la fortifier. Plus le département des affaires étrangères a manifesté de tendance vers l'unité d'action, plus
nous croyons urgent d'en organiser la conduite. Quelques
mutations, tout exceptionnelles, ont eu, nous le savons,
les meilleurs résultats ; mais des exceptions paraissent des
faveurs et suscitent des plaintes, des mécontentements,
qu'il importerait d'éviter. Quant aux doubles correspondances, vantées outre mesure, comme une méthode efficace de concentration, nous les regardons, nous, comme
un expédient parfois gros de périls. Les agents isolés
peuvent-ils bien eux-mêmes distinguer et choisir celles de
leurs dépêches qu'ils doivent envoyer aux deux directions ? Peuvent-ils soupçonner qu'un essai de trafic acci-
dentel près d'eux, leur annonce un projet secrètement
formé contre notre influence? Ils s'y trompent. Des faits,
dont le sens leur échappe, ne seront signalés qu'à la di-

rection commerciale, au lieu de compléter les renseignements nécessaires à la direction politique.

L'isolement, d'ailleurs, et les visées restreintes d'un grand nombre d'agents nuisent moins à l'étude des plus graves problèmes que les règles précises d'une hiérarchie assurément très-bonne entre fonctionnaires d'origine commune, mauvaise entre deux corps voisins, différents d'origine, ombrageux et jaloux de leur autonomie.

Le personnel actif des affaires étrangères se compose légalement, — pour le service politique, d'ambassadeurs, de ministres plénipotentiaires, de secrétaires divisés en trois classes, d'attachés libres non payés; — pour le service commercial, de consuls généraux, de consuls de première et de seconde classe, de vice-consuls et d'élèves-consuls. — Il entretient en plus des chanceliers de légation et de consulat, dont la situation nous occupera tout à l'heure, des drogmans et des interprètes, particulièrement destinés aux résidences du Levant et de l'extrême Orient.

D'une carrière à l'autre, la distance est énorme; car des ordonnances royales permettent d'appeler à des consulats généraux les premiers secrétaires d'ambassade, à des consulats de première classe les seconds secrétaires d'ambassade et les secrétaires de légation, à des consulats de deuxième classe les secrétaires de troisième, quand nul règlement ne stipule une faculté réciproque, car les consuls n'ont pas un véritable caractère représentatif et ne reçoivent l'*exequatur* des gouvernements étrangers que sur la demande officielle d'un agent politique; — les plus hauts placés, les plus savants d'entre eux relèvent toujours et partout d'une ambassade ou d'une g ation, d'un ministre, et souvent d'un simple secrétaire.

Exagération du principe d'autorité que nous appliquerions disciplinairement aux membres d'un corps homogène, la sujétion des consuls de tout grade à tout le corps diplomatique ne se justifierait que si les diplomates primaient certainement tout le corps consulaire par la sagesse et la science.

Or, il serait aisé d'ouvrir à cet égard une curieuse enquête; nous le désirions; mais, craignant d'articuler un mot qui, de près ou de loin, puisse blesser quelqu'un, nous ne constaterons que théoriquement, et des textes en main, comment se font les premiers pas dans l'une et l'autre voies.

Deux règlements, de 1847 et de 1860, donnent *in extenso* deux programmes de concours, dont le moins étendu — bizarre anomalie ! — détermine l'entrée dans la carrière dominante. L'aspirant diplomate doit être licencié en droit, parler une langue étrangère, l'anglais ou l'allemand, répondre sur une question de droit des gens et sur un point d'histoire, depuis le traité de Westphalie jusqu'au congrès de Vienne. L'aspirant élève-consul doit être licencié, comme le candidat à la diplomatie, et, de plus, bachelier ès sciences physiques; il ne doit pas savoir une langue étrangère, mais deux, l'anglais et l'italien ou l'espagnol; il doit enfin répondre sur les détails pratiques de ses futures fonctions, commerciales, civiles, judiciaires et administratives, sur le droit des gens, les traités de commerce et de navigation, sur la technologie et la statistique industrielles.

Ces règlements connus, et l'hypothèse admise de concours annuels sévèrement prescrits, — pure hypothèse d'avenir, les candidats au grade d'attaché politique ne

subissant jamais aucune espèce d'examen, — imaginera-
t-on que le travail quotidien des jeunes diplomates leur
enseigne bientôt ce que demande le programme des élèves-consuls ? L'argument hasardé, nous le repousserions
sans peindre l'intérieur d'un hôtel d'ambassade, sans y
compter les secrétaires et les attachés libres, sans devi-
ner l'emploi des heures qu'ils y passent, loin et fort au-
dessus du modeste fonctionnaire qui, demeurant à part et
travaillant beaucoup, presque ignoré, dans l'ombre, ac-
complit le labeur de la chancellerie. Notre réfutation
serait la circulaire d'un ancien ministre, écrivant, le
31 juillet 1853, qu'il faudrait confier la majeure partie de
ce labeur essentiel (les traductions, les copies, les actes
de commerce, la tenue des registres) aux attachés qui
le dédaignent, qui négligent ainsi le moyen d'acquérir les
premiers éléments de l'éducation diplomatique.

Nous ne citons pas, toutefois, l'avis autorisé de
M. Drouyn de Lhuys pour obtenir le remaniement des programmes de 1847 et de 1860; pour qu'à l'entrée de carrières diverses, et néanmoins voisines, le supérieur hié-
rarchique montre plus de savoir que son inférieur; non;
la circulaire établit que les bureaux de chancelier sont
les meilleures écoles de la jeune diplomatie, et nous ne
l'invoquons que pour réclamer, au début d'une même
carrière, un seul et même concours en attendant qu'après
trois ans d'épreuve, un deuxième examen place les secrétaires selon leurs aptitudes, soit dans les consulats,
sit dans les ambassades.

Unité d'origine, unité de carrière, cela se commande
et fera l'unité d'action, bien que les ennemis de ce qui
corrige ou supprime des abus historiques et traditionnels

nous objectent le sort d'un malhabile règlement de 1829, abrogé le 3 mars 1832. Tenus d'analyser les phases successives de l'administration que nous voulons changer, nous n'avions oublié ni le projet du baron de Blacas, datant de 1825, ni le règlement édicté le 26 août 1829 par le prince de Polignac.

Les pièces authentiques expliqueront facilement qu'on n'y saurait trouver le précédent fâcheux à l'aide duquel on espère sauver le *statu quo*.

L'ordonnance d'août partageait les bureaux en deux directions également chargées de nos relations politiques et commerciales. La première comprenait la Russie, la Suède, le Danemark, l'Angleterre, la Prusse, l'Autriche, la Turquie, etc.; la seconde, les Pays-Bas, la Suisse, l'Italie, l'Espagne, le Portugal, l'Amérique, l'Asie; et chacune traitait toutes les questions relatives aux puissances de son ressort.

Nul point de ressemblance entre notre doctrine, — union du commerce avec la politique, — et leur accouplement en groupes séparés, se gênant, se choquant, causant tant de retards et tant de préjudices que, le 3 mars 1832, M. Casimir Perier écrivait dans un rapport au roi :

« L'expérience a démontré les inconvénients d'un système qui confie à des mains différentes le soin de suivre des affaires étroitement liées entre elles, quoiqu'elles s'appliquent à des pays plus ou moins éloignés les uns des autres, et rend presque impossible, dans les travaux du département, l'ensemble nécessaire pour en assurer l'efficacité. »

Ces réflexions sont absolument justes; le règlement de 1829 scindait la politique, morcelait le commerce, et le paralysait; mais quand le célèbre ministre du gouverne-

ment de Juillet terminait ainsi son rapport : « Je crois
devoir proposer à Votre Majesté de substituer à l'organisation actuelle celle d'une autre époque, celle qui repo-
sait sur l'existence d'une seule direction politique et d'une
seule direction commerciale .. » il ne prévoyait pas que,
quarante ans plus tard, son administration de 1814-1832
livrerait forcément à des bureaux distincts des informations étroitement complexes touchant le même pays.

Le même pays! Des recherches dans les correspondances adressées d'un même pays, en 1869 et 1870, au ministère français des affaires étrangères, attesteraient bien
haut la gravité du mal qu'il s'agit de guérir. Lues et
relues, commentées avec joie, les lettres politiques ne
contenaient rien que des phrases, des protestations, des
affirmations amicales, tandis que les mémoires et les
documents commerciaux, négligés ou peu lus, ne parlaient que. d'armées, de fusils, de canons, d'une guerre
imminente, apportaient les plus sûrs des avertissements !

Quelle raison plausible essaierait-on d'alléguer, après
de telles fautes, en faveur du régime qui nous les infli-
gea? Aucune. L'Assemblée ne s'exposera point à redouter
encore leurs déplorables suites ; elle méditera l'opinion
de Talleyrand, les termes du rapport de 1871, et nous
ne craignons pas ses votes réfléchis lorsque nous. la
prions de ne laisser représenter la France, notre honneur et nos droits, que par des hommes éprouvés, capables d'agir tour à tour comme secrétaires, consuls, chargés d'affaires et ministres. ⌐

Les obscurités, ou plutôt les péripéties menaçantes de

la question d'Orient nous auraient peut-être inquiétés pour l'application de notre projet unitaire, sans le remarquable succès du département asiatique qui fonctionne en Russie, et dont la cour de Vienne dispute le mérite au cabinet de Pétersbourg.

La Russie voit de près que, si le vieil Orient s'est heureusement transformé depuis l'époque où M. de Saint-Priest soutenait, à Versailles, qu'un excellent ambassadeur de France, envoyé à Constantinople avant d'avoir longtemps habité la Turquie, n'y jouerait que le rôle de premier secrétaire de son premier drogman, l'ensemble des coutumes qu'on appelait jadis le *Manége de la Porte* subsiste et durera, parce qu'il résulte des mœurs, des passions, des besoins de la nation ottomane. Elle voit que ces mœurs, ces passions, ce manége, ne se révèlent que lentement aux observateurs assidus, et l'office spécial qui recrute et surveille ses agents du Levant les y maintient, de grade en grade, jusqu'au rang de ministre, pendant que les nôtres, malgré les avis répétés de deux ou trois consuls exclusivement Levantins, voyagent un peu trop de Beyrouth à Moscou, du Caire à Liverpool, de Constantinople à Madrid.

Pourquoi ne pas mûrir et nous assimiler, comme l'a fait l'Autriche, une idée pratique et féconde? La France a tant prêté ses institutions, ses progrès, son génie, qu'elle peut sans scrupule imiter une fois. Nous avons, du reste, chez nous, les éléments créés d'un office analogue au département russe: la sous-direction du Midi et de l'Orient, l'école préparatoire des interprètes et du drogmanat, qui, suivant l'ordonnance de 1869, persiste à se nommer école des jeunes de langue. Nous les réunirions en les modifiant; la sous-direction, en ne confondant plus l'Espagne, l'Italie, la Suisse et le Saint-Siége avec l'empire ottoman, la Grèce, le Maroc et la Perse ; l'école, en ne tolérant plus que de laborieux jeunes gens étudient le grec et le turc, le japonais et le chinois, les affinités et les haines politiques et religieuses, les guerres, les traités, les capitulations des peuples d'Orient, dans l'assez triste perspective d'attendre presque tous leur modique retraite, humblement soumis à des chefs dont ils aideront la fortune. Mais n'insistons pas davantage sur un point anormal de nos plans de réforme. Il vaut mieux revenir au principe lui-même, tirer les conséquences de son adoption et démontrer comment elle nous donnerait les économies aperçues en 1871.

Mille obstacles tenant à la rivalité des carrières diplomatique et commerciale, ont sans cesse entravé les réductions du budget des affaires étrangères. Les ministres, frappés des intérêts contraires d'un double personnel, voulaient sauvegarder les positions respectives de leurs divers agents, et cette volonté, bien naturelle au fond, leur dictait des mesures tout à fait regrettables. — Ainsi, quand les crises européennes de 1860 et de 1866 diminuèrent le nombre de nos missions d'Italie et d'Allemagne, le corps diplomatique eut besoin de trois places ; — les trois consulats généraux de Lima, Tanger, de Santiago du Chili, devinrent des légations. — C'était bon, c'était juste, au point de vue d'agents très-dignes d'exercer des fonctions politiques ; c'était fâcheux en soi, fâcheux surtout à l'égard du Trésor, grevé pour l'avenir, car une légation née d'une fantaisie acquiert vite le *droit* (nous soulignons le mot) de se déclarer nécessaire. Et ces brusques faveurs, ces virements subits d'emplois et de personnes, n'atteignaient pas leur but, ne rétablissaient pas entre les deux carrières l'équilibre rompu par la marche des choses.

7.

Hors de sept ambassades et de vingt légations, nous comptons vingt ministres plénipotentiaires en disponibilité.

Hâtons-nous donc d'enlever tout prétexte à de stériles sacrifices d'argent; n'étayons plus l'ancienne diplomatie au milieu de ses ruines; reconstituons-la, ferme, unie, travailleuse, sans autre privilége que celui du savoir et du patriotisme.

Les cadres actuels de nos agents servant à l'étranger se divisent en douze grades, énumérés plus haut. Le nouveau corps diplomatique n'en garderait que sept. Il se composerait d'ambassadeurs, titre de luxe, qui n'ajoute rien qu'au budget, et que les grandes puissances devraient bien abolir; — de ministres plénipotentiaires; de consuls de première classe, chargés d'affaires, — joignant à leurs qualités commerciales l'investiture politique et remplaçant les consuls généraux; — de premiers secrétaires d'ambassade et de légation, de consuls de seconde classe, de secrétaires de légation et de consulat, enfin d'attachés diplomatiques. — Cette base acceptée, les économies porteraient : 1° sur les traitements ; 2° sur le nombre des postes attribués à chaque grade; 3° sur le nombre des fonctionnaires affectés à chaque pos'e.

Pour les traitements, — afin de faire aujourd'hui respecter, après de faibles réductions votées en 1872, les gros traitements de la diplomatie, notre commission de 1873 prétendait, l'an dernier, dans un second rapport de M. le duc Decazes, que l'on ne peut pas imposer aux diplomates français une situation « dont les intérêts généraux souffriraient encore plus que leur dignité. » Profondément surpris d'entendre ici parler de l'intérêt public, nous refusons d'admettre que la dignité vraie d'un ministre de France eût jamais à souffrir parce qu'il toucherait 20,000 francs de moins que l'un de ses collègues. Pense-t-on que le faste élève son prestige, ou croit-on que sa force ne lui vient pas de son pays et de son propre caractère?

Il nous semble, à nous, que les votes de 1872 ont été trop timides, et nous y suppléerons en condamnant l'idée de retranchements uniformes sur des appointements qui s'appliquent aux fonctions et couvrent, d'autre part, des frais très-variables; en notant que le tiers des deux cent mille francs de l'ambassade de Londres ne balancerait point le quart ou le cinquième des quatre-vingt mille francs payés à Washington. Ce que nous désirons, c'est qu'une loi formelle égalise les traitements du corps diplomatique; que les ambassadeurs reçoivent tous la même somme, les ministres la même somme, et les chargés d'affaires et les consuls aussi; puis que des fonds spéciaux, que des indemnités de représentation augmentent les subsides de chaque résidence.

Nous avons calculé que ce règlement financier, pratiqué par l'Autriche, et que Talleyrand proposait, le 28 germinal an VIII, dégreverait notre budget de 600,000 francs.

Quant au nombre des postes, quoique la commission de 1873 n'ait agréé, d'accord avec le gouvernement, que la suppression éventuelle de dix agences commerciales, nous cherchons vainement ce qui préserverait d'un retour à l'état de 1860 et de 1865 les trois légations de Santiago du Chili, de Lima et de Tanger; ce qui garantirait celle de Buenos-Ayres d'une mutation de la même nature; et si l'on nous oppose la modicité de l'épargne ainsi réalisée, qui ne dépasserait pas 65,000 francs, nous répondrons que, fût-elle moindre encore, le bon sens administratif nous obligerait d'y tenir.

L'économie, beaucoup plus importante, que nécessiterait la critique attentive des relations et de l'utilité de trente-trois consulats généraux, de cent trente-quatre consulats et vice-consulats, ne se chiffrera clairement qu'au moyen d'une enquête dont M. le ministre des affaires étrangères recommandait l'urgence lorsque, rapporteur du budget de 1873, il enregistrait les promesses de son prédécesseur. Attendons; mais, déjà, nous pouvons affirmer que le remplacement des consuls généraux, selon notre système, empêcherait l'abus de titres onéreux fréquemment octroyés, sans motifs légitimes, car, loin des ambassades et des légations, il n'existe pas trente-trois villes, comme Alexandrie d'Egypte, Bucharest et Tunis, politiquement indiquées pour des chargés d'affaires. Anvers, près de Bruxelles, et Naples, près de Rome, ne conserveraient pas des agents de cet ordre; et sur le grand réseau du service commercial, où nous signalons des lacunes (puisque la France n'a pas même, dans les villes de Prague et d'Agram, un agent vice-consul observant, loin de Vienne, les mouvements Tchèque et Croate), nous marquerions vingt postes qui ne rendent pas au commerce l'équivalent de ce qu'ils coûtent. Un doute à ce sujet serait vite écarté par la nomenclature des vingt-cinq consulats que nous payons plus de 100,000 francs en Espagne et en Italie.

Le dernier chef de notre discussion, volontairement très sommaire, du budget extérieur, « nombre des fonctionnaires attribués à chaque poste, » regarde peu la di-

rection commerciale. Nous ne rencontrons, en effet, de
trop nombreux agents que dans trois consulats généraux ; presque tous les consuls n'ont auprès d'eux qu'un
chancelier ; mais les secrétaires et les attachés s'accumu-
lent d'une façon exorbitante dans la carrière politique ;
et nous comprenons mal que le gouvernement ait re-
poussé les vœux de la commission du budget se bornant
à prévoir une réduction de trois premiers secrétaires sur
quatorze, de quatre seconds sur vingt-quatre, de deux
troisièmes encore sur vingt-quatre, petite économie de
100,000 francs, que la commission fit descendre à 37 en
acceptant la minime suppression d'un secrétaire de première classe, de deux de seconde et d'un seul de troisième. Les meilleures raisons, tirées du Recueil officie
des rapports, ordonnances, règlements et instructions
des affaires étrangères, nous permettent d'écrire « petite
économie » devant la somme de cent mille francs ; car
un rapport de M. le duc Victor de Broglie et une ordonnance royale, signée le 1er mars 1833, fixent le personnel
des ambassades et des légations.

Conformément à ce passage du rapport : « Le nombre
des secrétaires d'ambassade et de légation, successive-
ment accru depuis quelques années, excède évidemment
les besoins du service... Il en résulte que plusieurs d'entre eux ne trouvent pas habituellement, quel que puisse
être leur zèle, l'occasion de le manifester d'une manière
active, le ministère est hors d'état de juger la capacité
d'une partie de ses agents et par conséquent d'effectuer
les avancements en proportion des services rendus... »
L'ordonnance décide que l'ambassade de Londres aura
deux secrétaires ; — elle en a trois et trois attachés ; —
que l'ambassade d'Espagne aura deux secrétaires ; elle
en a trois et quatre attachés ; — que l'ambassade en

Suisse aura deux secrétaires, dont le second sera qualifié secrétaire interprète et chancelier de la mission. Diminuée d'un grade, la légation de Berne avait dernièrement trois secrétaires et quatre attachés, plus un chancelier; remontée au rang d'ambassade, elle ne manquera pas, non de les employer, mais de les garder tous; qu'indépendamment où à défaut d'un secrétaire, un rédacteur de l'administration centrale sera provisoirement attaché à la légation de Bruxelles; — nous avons en Belgique trois secrétaires et trois attachés.

Même accroissement en Russie, en Autriche, en Italie, partout. Pourquoi cela? pourquoi soixante-deux secrétaires et trente-sept attachés peuplent-ils les missions où M. le duc de Broglie n'en admettait que trente-six? Le motif retenu par la commission du budget est purement matériel : « Le nombre des dépêches a doublé. » — Doublé! Un semblable calcul, comptant les télégrammes qui précèdent ou suivent les dépêches écrites, n'explique pas comment le nombre des fonctionnaires a triplé, quand les archives prouvent que nos légations, mis à part les travaux dont le personnel politique ne se mêle jamais, n'ont jamais, année moyenne, plus de correspondances que les principaux consulats; et la stricte logique supprimerait deux tiers de leurs états-majors, ce qui remettrait en vigueur la sagace ordonnance de 1833. Libres d'agir, pourtant, nous n'irions pas si loin; nous ne déciderions qu'un retranchement de moitié, sous l'expresse réserve du droit des chanceliers à conquérir enfin la place qu'ils méritent.

Ce droit, bien entendu, nous l'estimerions acquis dès à présent si l'on maintenait, malgré nous, une catégorie d'agents subordonnés travaillant à côté de la diplomatie, gérant les consulats, sans recueillir l'honneur et le profit légal de leur expérience; mais nous préférons ne viser que l'introduction des chanceliers actuels dans la grande carrière où le puissant mobile d'une œuvre collective entretiendrait l'émulation commune; et, pour les y placer aussi prudemment que possible, il faut d'abord connaître leur vraie situation. — Jusqu'au 26 avril 1845, l'ordonnance du 20 août 1833 leur défendait l'accès des postes consulaires; défense radicale. En 1845, M. Guizot trouva la mesure excessive, et, le 26 avril, les chanceliers d'ambassade ou de légation furent déclarés aptes aux emplois de consul après huit ans de grade; les chanceliers de consulat après dix. Leur dernier statut, arrêté par décret spécial de 1869, leur assigne trois classes indépendantes de leurs postes, aucun d'eux n'obtenant un consulat quelconque avant dix années de services, dont trois au moins comme chancelier de première classe.

Notre avis est que ces prescriptions ne doivent pas durer; que si l'on ne peut sagement éloigner tout d'un coup de nos chancelleries les hommes qui les dirigent, la justice demande que le rang de consul appartienne de fait aux chanceliers nommés depuis dix ans; que les chanceliers exerçant depuis cinq ans au moins deviennent secrétaires; que les autres, plus jeunes, aient la faculté de subir les secondes épreuves des attachés diplomatiques.

On nous accusera d'oublier notre but et d'annuler l'effet de nos réductions, en créant à la fois tant de nouveaux agents politiques et consulaires; mais, apparemment spécieux, ce reproche n'a rien qui trouble nos calculs, car les chanceliers ne sont pas de nouveaux agents; ils figurent au livre du budget; leur introduction dans la carrière officielle ne modifierait point les effectifs réduits, puisque leurs fonctions, dorénavant confiées soit

à des secrétaires, soit à des attachés, n'appelleraient
aucune nomination hors des cadres prévus. Ils ne char-
geraient le Trésor que de la différence qui sépare aujour-
d'hui leurs émoluments commerciaux des appointements
de consul et de secrétaire de légation, — si peu que les
économies sollicitées par nous pour améliorer la conduite
extérieure de nos graves affaires internationales s'élève-
raient à douze ou treize cent mille francs.

DEUXIÈME PARTIE

Nous écrivions, en commençant notre rapport, qu'avant
de critiquer le mécanisme intérieur du ministère des
affaires étrangères, nous désirions savoir s'il convient
d'approuver sa marche extérieure, parce que les rouages
d'un moteur administratif ne doivent s'agencer qu'en
vue d'une action nettement définie ; et la conclusion de
notre premier examen annonce évidemment le régime
central que nous souhaiterions.

Outre le cabinet et le secrétariat, tenant quatre
bureaux sous leur dépendance immédiate, les bureaux
du protocole, du chiffre, des traducteurs, du départ et
de l'arrivée, le ministère occupe les quatre directions
dont nous avons déjà, mais trop succinctement, apprécié
les rôles :

La direction des affaires politiques et du contentieux,
morcelée elle-même en sous-directions ; trois, que l'on a
groupées selon des lignes géographiques tracées sur la
carte du globe ; une quatrième qui traite les affaires
contentieuses, les questions de droit public et de droit
maritime ;

La direction des consulats et des affaires commerciales, scindée aussi par catégories de puissances;

La direction des archives et de la chancellerie, réunissant la garde des traités, ratifications, protocoles, décrets, cartes, correspondances, l'entretien permanent de la bibliothèque, puis la délivrance des passeports et la recette des visas;

La direction des fonds et de la comptabilité, qui règle les dépenses, liquide les pensions, aligne les budgets, répond pour le ministre aux observations des commissions législatives.

A cet état de choses, incompatible avec l'unité de carrière, nous substituerions l'organisme suivant :

Des quatre bureaux qui fonctionnent près du secrétariat, on ne conserverait que le bureau du chiffre et celui des traducteurs, qualifié bureau de la presse.

Au lieu des directions de la politique et du commerce, une direction générale étudierait seule les affaires que des ordres ministériels n'auraient point réservées.

Viendraient ensuite une sous-direction de l'Orient : l'office asiatique;

Une sous-direction des archives et du protocole;

Une sous-direction des fonds et de la comptabilité.

Peu redoutables, quoique vives et s'inspirant d'habitudes tenaces, plusieurs objections se dressent contre nous, celle-ci, par exemple : « Une direction générale absorberait le pouvoir du ministre. » Erreur. Si l'on renonce au dualisme actuel, certainement mauvais; si le rapporteur du budget de 1871 disait avec raison que les mêmes agents devraient expédier les affaires politiques, commerciales et contentieuses, une grande direction remplaçant les anciennes atténuerait souvent, sans préjudicier à la hiérarchie, les embarras qui naissent des changements de cabinet.

Moins mêlé que ses chefs, ministres passagers, aux fluctuations de la politique militante, le titulaire de ce poste y resterait longtemps; il y acquerrait la qualité maîtresse du véritable diplomate, l'esprit de suite et de persévérance; il saurait le fort et le faible des gouvernements étrangers, des hommes qui les guident, et, dans les jours de crise, il pratiquerait mieux que le plus habile ministre un art bien difficile, l'art des transitions.

« Mais, répliquera-t-on, quel mode de travail appliqueriez-vous à cette direction générale encombrée de fonctionnaires, puisque vous adjoignez le bureau de la chancellerie, un chef, trois rédacteurs et cinq commis, aux sept sous-directeurs, aux douze rédacteurs et aux vingt-neuf commis de la politique et du commerce? » Notre méthode serait simple. Un règlement d'administration publique établirait deux sections qui n'auraient que quarante ou quarante-cinq employés. La première des deux, section des ambassades, légations et consulats de première classe, résumerait pour le directeur général intermédiaire du ministre les correspondances politiques, et remettrait à la seconde, section des consulats et de la chancellerie, les dépêches ou portions de dépêches commerciales reçues des consulats de caractère mixte. La seconde résumerait la correspondance des consuls, et renverrait à la première ses notes politiques; au ministère du commerce, ses informations purement commerciales; à la sous-direction des fonds, les comptes de chancellerie.

L'envoi de pièces, de dépêches et de mémoires, au ministère du commerce, nous arrête un instant, parce

qu'une équivoque résulte à ce sujet de deux textes offi-
ciels assez mal combinés.

Sous la rubrique « direction du commerce extérieur »,
l'ordonnance réglementaire du ministère du commerce
porte cette mention : « Traités de commerce et de navigation. Préparation des tarifs et lois de douane, » lorsque
le décret organique du m nistère des affaires étrangères
stipule expressément que sa direction commerciale « prépare les traités de commerce et de navigation, etc. »
Est-ce qu'il y a là double emploi, conflit d'attributions ?
Non. Les mots traités de « commerce et de navigation »
figurant isolés, sans le verbe *prépare*, au règlement du
ministère du commerce, n'impliquent que l'étude des
traités de commerce et de navigation, avant la préparation des tarifs et lois de douane. Le département du
commerce reçoit copie de tous les renseignements qui
peuvent éclairer les industries françaises, mais c'est uniquement au ministère des affaires étrangères que ressor-
tissent les traités, ceux même qui contiennent des séries
de tarifs ; et l'on verra que nos ministres, instruits à
l'avenir des aptitudes de chacun, sachant par les dossiers
de la direction générale quelles dépêches politiques,
quels mémoires commerciaux leurs ambassadeurs rédi-
geaient comme chargés d'affaires, consuls généraux et
consuls, choisiront dans les rangs de la nouvelle diplomatie tous nos négociateurs.

Ce point de droit tranché, nonobstant les efforts d'esti-
mables économistes plus théoriciens qu'hommes d'État,
prenons et regardons la composition du cabinet et de ses
dépendances. Un chef, un sous-chef, trois rédacteurs,
un archiviste, quatre commis, et des attachés dont le
nombre augmente incessamment, écrivent ou copient les
circulaires du ministre, ses lettres personnelles, et les

dépêches formulées par le bureau du chiffre. A quoi bon tant de monde ? Un chef, deux rédacteurs, deux commis principaux, un commis d'ordre et deux attachés, trois au plus, feraient aisément le travail que nous venons de préciser. Chaque employé qui n'est pas nécessaire est de trop ; il gêne les autres.

Des bureaux inutiles sont plus gênants encore. Ainsi, nous chargerions un commis principal, un seul, des fonctions que remplit le bureau du départ et de l'arrivée, de classer les correspondances arrivées le matin, et de les distribuer soit au secrétariat, soit aux sous-directeurs ; de classer les dépêches et les instructions partant le soir du cabinet, après la signature.

Ainsi, quand le décret de 1869 laisse auprès du ministre, hors des directions, l'ancien bureau du protocole, parce qu'il expédie les pleins pouvoirs et les traités, les ratifications et les exequatur, les lettres de créances, de rappel et de recréance, parce qu'il détermine le cérémonial des audiences diplomatiques, nous attribuerions les questions d'étiquette au chef du cabinet, en confiant, d'ailleurs, à la sous-direction des archives l'expédition des traités, des ratifications, de tous les documents que gardent les archives.

Resteraient alors deux bureaux, justement affectés au secrétariat, le bureau du chiffre d'abord, qui procède aujourd'hui d'une façon parfaite ; on n'y changerait rien ; et le bureau des traducteurs, qui se transformerait, comme nous l'avons dit, en bureau de la presse.

Nous pensons qu'un ministre des affaires étrangères manque à ses devoirs et s'expose aux plus cruels mécomptes s'il ignore les mouvements de l'opinion publique dans les pays où ses agents résident ; que la clairvoyance et le zèle des agents les meilleurs ne lui rapportent pas assez fidèlement les aspirations, les idées, les tendances, les entraînements révélés par la voix des journaux ; et c'est pour assurer l'analyse quotidienne des feuilles sérieuses qui reflètent l'opinion que nous voulons placer près de son cabinet un bureau de la presse.

Deux personnes, sans doute (un employé du secrétariat et un sous-directeur), signalent maintenant ou doivent signaler à l'attention du ministre les articles saillants des journaux étrangers, et fournissent, de plus, à notre *Journal officiel* quelques lignes extraites du *Daily News*, du *Times* ou du *Moniteur d'Allemagne*. Ébauchée de la sorte, l'œuvre d'information et de publicité dont l'accomplissement n'occuperait pas moins de cinq rédacteurs politiques ne fait que constater un besoin très-réel senti depuis des siècles et toujours négligé ; car, ouvrant les *Annales* de Théophraste Renaudot, le *Recueil des gazettes, nouvelles, relations extraordinaires et autres récits des choses avenues en l'année* 1640, nous y lisons cette Requeste au Roy : « Il y a plusieurs années que je m'adresse par lettres particulières ou publiques aux chefs de vos armées, afin d'être informé de ce qui s'y passe et d'en tenir le public averti ; mais si peu d'entre eux se sont jusqu'à présent souciés de satisfaire à mon désir que je suis le plus souvent contraint ou de me taire sur beaucoup de choses qui méritent d'être sceües, ou de les raconter sur la foi de particuliers plus suspects que des personnages ayant charge... lesquelles difficultés ne seront pas levées, s'il ne plaît à Votre Majesté estendre sa justice en ce genre d'affaires. » Ce que Renaudot espérait de la justice du roi le 21 septembre de l'an 1640, nous l'espérons encore au mois de février 1874 ; nous le réclamerons, dans le double intérêt de notre politique extérieure et de la vérité, de la pleine lumière qu'on a le droit d'attendre d'un gouvernement libre.

Le cabinet, avec ses deux annexes, embrasserait donc l'action de tout le ministère, où l'office spécial des missions levantines, la sous-direction de l'Orient ne cesserait pas d'obéir à l'autorité supérieure de la grande direction.

Il en serait de même pour la sous-direction des archives et du protocole, qui, libérée des comptes de la chancellerie, logiquement accrue d'un bureau des recherches, ne se verrait plus détourner de ses travaux scientifiques.

Il en serait de même pour la sous-direction des fonds, dont nous ne nierons point les excellents services, quelquefois difficiles, mais dont le travail effectif rend inacceptable le nombre de quatorze employés émargeant au budget soixante-quinze mille francs.

Soixante-quinze ! Cette somme et ce qu'elle représente dans un chiffre total de cinq cent vingt-deux mille deux cents francs, indiquent la mesure des économies que comporte une administration qui met aux ordres du ministre :

Quatre directeurs ;

Un chef du protocole, ayant le même titre;

Un chef de cabinet ;

Neuf sous-directeurs ;

Un chef de bureau de la chancellerie, ayant le même rang;

Sept chefs ou sous-chefs de bureau ;

Vingt-trois rédacteurs ;

Trois secrétaires-archivistes ;

Cinquante-cinq commis ;

Un secrétaire des commissions;

Un géographe ;

Un médecin.

Réduite au nombre suffisant de quatre-vingts fonctionnaires, la liste précédente ne comprendrait à l'avenir que :

Le directeur général ;

Un chef du cabinet et du secrétariat ;

Trois sous-directeurs ;

Deux chefs de section (politique et commerce), ayant le même rang ;

Quatre chefs de bureau : du chiffre, de la presse, des recherches et de la chancellerie ;

Vingt-quatre rédacteurs, — nombre augmenté par la création du bureau de la presse ;

Quarante-cinq commis ;

Et, sans diminuer le traitement du ministre (60,000 fr.), fixant à 30,000 fr. celui du directeur géneral, à 15,000 fr. ceux des sous-directeurs, nous épargnerions 125,000 fr., auxquels s'ajouteraient d'autres réductions, probablement plus fortes, sur le service intérieur et le chapitre matériel, cotés ensemble 300,000 francs.

On conçoit cependant que nous ne pouvons ni borner le résultat de nos études à la discussion du budget de 1875, ni bouleverser ce budget par des amendements qui supposeraient acceptée l'unité des carrières. Nous désirons un vote ordonnant en principe que le département des affaires étrangères n'ait plus dans ses bureaux qu'un même personnel, et, dans le monde entier, qu'une seule diplomatie. Le principe voté, c'est au gouvernement qu'il appartiendra de régler :

L'organisation centrale du ministère;

Le programme unique des concours des aspirants diplomates;

Le classement des ambassades, légations et consulats;

Le nombre et la hiérarchie des agents;

Les conditions de l'avancement;

L'assimilation et le roulement nécessaires entre les employés du service central et les agents extérieurs;

Les traitements fixes et les frais de représentation.

Disons, en terminant, que l'importance budgétaire de ces différentes réformes (deux millions d'épargne) serait moindre à nos yeux que leur mérite politique; et si, pour le présent, nous leur reconnaissons l'inévitable tort de supprimer ou de modifier, surtout au quai d'Orsay, quelques hautes situations légitimement acquises, nous accorderons volontiers que, transitoirement, elles ne touchent point tels et tels fonctionnaires dont on respecte le passé.

Les ménagements, les égards, les atténuations, que nous sommes loin de combattre, exigeront peut-être des pensions de retraite et des appointements de non-activité; n'importe; l'ouverture d'un crédit extraordinaire, qui n'égalerait qu'en cinq ans le montant annuel de nos économies, n'altérera pas le bienfait de la résolution que nous recommandons à l'Assemblée nationale.

PROJET DE LOI

Art. 1er. Le corps diplomatique et le corps des consuls ne formeront plus désormais qu'un seul et même corps, hiérarchiquement constitué pour servir et défendre, auprès des puissances étrangères, la politique et les intérêts commerciaux de la France.

Art. 2. Le Gouvernement pourvoira, par des règlements d'administration publique, à l'exécution de la présente loi.

EXTRAITS DU RAPPORT

PRÉSENTÉ

Par M. de RAINNEVILLE

au nom de la Commission du Budget de 1875

SUR

LE MINISTÈRE DES AFFAIRES ÉTRANGÈRES

(Séance de l'Assemblée nationale du 15 mai 1874)

EXPOSÉ DES MOTIFS

. . . . , . . .

CHAPITRE PREMIER

La fusion des deux carrières politique et consulaire.
est un sujet très-digne d'attention, au double point de
vue du bon fonctionnement des services et des intérêts
généraux de notre diplomatie. Cette question sera certainement posée devant l'Assemblée et fera l'objet d'une
discussion très-importante : elle comporte, en effet, une
réorganisation complète de notre ministère des affaires
étrangères.

Il ne nous aurait pas paru convenable, pour le moment, d'aborder et d'engager en aucune façon le débat
sur ce sujet tout spécial, si, dans l'esprit de ceux qui
prônent la réforme, nous ne devions arriver par là, non-
seulement à une amélioration très-sérieuse dans le

vice et dans la conduite des affaires, mais encore à une
réduction importante dans les dépenses que l'État sup-
porte aujourd'hui. On présente, en effet, comme un résultat très-assuré de l'adoption du nouveau système, la
possibilité d'effectuer des économies fort considérables
sur les crédits alloués au département des affaires étrangères; dès lors, votre commission du budget a cru qu'il
était de son devoir de s'en préoccuper au point de vue
financier.

Nous dirons tout d'abord, pour établir la vérité de la
situation, qu'il est un préjugé que l'on doit combattre,
c'est celui qu'ont certaines personnes, qui se figurent
que les deux services politique et consulaire établissent
une séparation à peu près absolue entre les agents et les
employés; que chacun de ceux qui appartiennent à
l'une ou à l'autre carrière s'y trouve renfermé comme
dans une espèce de caste dont on ne peut sortir. Elles
ignorent, sans doute, ce qui se produit dans la pratique :
en fait, les hommes les plus capables passent indifféremment de l'un à l'autre service; ils échangent des
grades de consuls contre des grades de secrétaires, et
l'on voit, d'autre part, beaucoup de secrétaires d'ambassade demander et recevoir des places de consuls. On
pourrait prouver cette allégation en citant plus de vingt
noms dans chaque service, seulement parmi les agents
supérieurs.

L'ensemble des réformes proposées, c'est-à-dire une
fusion plus complète des deux carrières et une division
toute nouvelle des attributions entre les différentes directions, amèneraient-elles à une économie très-considé-
rable, ainsi qu'on le prétend?

Voilà le point que nous avons étudié.

Après avoir consciencieusement examiné tous les détails du budget des affaires étrangères, et du chap. 1er en particulier, nous restons convaincus qu'on ne pourra jamais réaliser des réductions aussi importantes que celles dont on parle, sans nuire d'une façon regrettable au bien du service.

En effet, de quelque façon qu'on entende la division du travail, soit dans l'administration centrale, soit dans le service de notre représentation à l'étranger, il se présente un ensemble de besoins auxquels il est indispensable de subvenir d'une façon à la fois satisfaisante pour notre dignité morale et suffisante pour le service des intérêts publics et commerciaux. Il est nécessaire que les affaires publiques et privées s'expédient et se fassent bien, et un employé ou agent ne fera jamais l'ouvrage de deux, par la seule raison qu'il cumulera de doubles attributions.

Quant à ce qui regarde spécialement le chap. 1er, on pourrait penser en vérité, d'après certains raisonnements qui sont émis, que tout travail se fait en double au ministère des affaires étrangères, par suite de ce qu'il existe deux directions; qu'il s'exécute une fois dans les bureaux des affaires politiques, une autre fois dans les bureaux des affaires commerciales. Cette superfétation serait, si elle existait en effet, un vice très-sérieux; mais nous n'avons rien de pareil à reprocher à l'organisation intérieure de l'administration centrale.

Qu'il nous soit permis d'exprimer seulement l'avis, puisque nous agitons un tel sujet, qu'il pourrait être utile d'instituer au sommet de la hiérarchie un conseil supérieur composé de tous les directeurs; on trouverait là un avantage certain, les chefs de service pourraient se communiquer chaque jour leurs renseignements sur les hommes et sur les choses; il existe ainsi en Russie un conseil de ministère. Mais, en définitive, nous n'avons pas à nous arrêter davantage sur cette idée, car ce ne serait en aucune façon une cause de réduction ou d'augmentation dans les traitements ou dans le nombre des employés.

Nous rappellerons seulement, en terminant, que dans la discussion qui s'est élevée au sein de la commission, on a cité l'exemple de l'Angleterre. La Grande-Bretagne a adopté depuis peu d'années le système français, et elle s'en trouve parfaitement satisfaite. Plusieurs fois des enquêtes ont été faites, par ordre du Parlement, pour constater les avantages ou les inconvénients de la division des carrières; le résultat a établi la supériorité de la nouvelle organisation qu'on avait adoptée pour la diplomatie, et démontré les heureux effets de son application ; les partisans autrefois les plus convaincus de l'ancien système anglais ont affirmé la conversion de leurs idées. Cette récente expérience faite par nos voisins doit, selon nous, engager à bien réfléchir avant de procéder au changement de l'organisation actuelle.

En résumé, la commission du budget croit devoir exprimer le doute que les réformes dont on parle, de la façon du moins dont elles sont présentées, puissent amener un résultat financier d'importance considérable, surtout en ce qui touche l'administration centrale; et en conséquence, elle vous propose d'approuver purement et simplement la demande de crédit consacré au chap. 1er.

CHAPITRE III

Votre commission du budget a voulu se rendre compte de l'importance politique ou de l'utilité, au point de vue commercial, de chaque consulat et vice-consulat. A cet effet, un tableau annoté a été demandé par nous au ministère des affaires étrangères. Ce travail ne nous a pas encore été fourni, et notre enquête n'a pu se-porter que sur quelques postes comme Quito, Bosna-Seraï, au sujet desquels nous avons demandé et reçu, d'ailleurs, des explications satisfaisantes. Bientôt, nous l'espérons, on pourra vous remettre le détail complet de ce travail, qui servirait si utilement de base aux appré-ciations de chaque membre de l'Assemblée.

Une affirmation contenue dans un document officiel, au sujet de la transformation en légations des trois con-sulats généraux de Lima, de Tanger, de Santiago du Chilli, nous avait vivement frappés. Le corps diploma-tique avait eu besoin de trois places, et c'était là la seule raison de cette mesure regrettable, fâcheuse en soi, fâcheuse surtout à l'égard du Trésor.

Une note très-complète nous a été remise à ce sujet, de laquelle il résulte que c'est à la suite de la suppres-sion de la légation de France à Bogota qu'on a reconnu l'opportunité de fonder deux légations à Santiago du Chili et à Lima. L'avenir a justifié les prévisions qui avaient inspiré cette mesure; les deux États où nous avons alors établi des représentants politiques ont pris une importance de plus en plus grande, et nous sommes convaincus qu'il est utile de les maintenir.

En fait, ces deux postes n'ont pas été créés pour faire place à des agents politiques qui se trouvaient inoccupés, puisqu'ils furent confiés, l'un au ministre qui quittait Bogota, l'autre à un consul général venant de New-York.

Quant au consulat de Tanger, il a été élevé au rang

de légation, pour des raisons politiques, également très-bien justifiées.

Cette transformation date de 1864; on ne peut donc dire avec vérité qu'elle est venue tout justement à la suite des événements de 1860 ou de 1866, et prétendre avec raison que la suppression d'anciens postes diplomatiques et le désir de placer certains titulaires sont la seule explication de cette nouvelle création.

Dans une autre partie du document dont nous venons de parler, on propose pour les ambassadeurs et les ministres l'établissement de traitements fixes, tout en admettant, bien entendu, que des indemnités de représentation, prises sur un chapitre spécial, viendraient augmenter l'allocation affectée à chaque résident. Ce système est suivi en Autriche; il pourrait, nous le reconnaissons, présenter certains avantages. En effet, les frais de représentation n'étant remboursés que sur état, ou du moins sur déclaration, nos agents se trouveraient formellement obligés de faire des dépenses proportionnelles aux allocations qu'ils reçoivent.

Nous devons faire observer cependant que c'est, en pratique, une bien rare exception de voir un chef de mission économiser sur son traitement pour constituer un fonds de réserve; et nous ne croyons pas d'ailleurs qu'il soit absolument besoin de réviser toute une réglementation pour parer à une telle éventualité; le cas échéant, un avis officieux du ministre des affaires étrangères, prévenu bien vite par le bruit public, doit suffire pour rappeler un agent à ses devoirs. Nous répéterons, en effet, puisque nous en ayons l'occasion, que les sommes attribuées à ces hauts serviteurs de l'État, quoique inscrites sous la dénomination de traitements, ne peuvent être considérées comme des allocations personnelles, mais comme des sommes affectées à la représentation, à la fonction, et qu'elles seraient absolument détournées si elles servaient au delà d'une juste limite au bénéfice particulier du personnage qui la remplit.

D'après le calcul qu'on nous a présenté, un tel règlement financier dégrèverait le budget de 600,000 fr. Nous devons faire remarquer que le total des traitements de nos chefs de missions politiques est porté sur le budget pour 2,359,000 fr.; ce serait donc une réduction de 25 p. 100. Or, il est constant que nos ambassadeurs et ministres économisent peu en général et ne mettent certainement pas de côté le quart de leurs traitements. On n'a guère d'exemple que ces sortes d'emploi aient permis à leurs titulaires de grossir leur fortune personnelle; la plupart d'entre eux, au contraire, consacrent à la représentation une partie considérable de leurs revenus particuliers.

Peut-on dire d'ailleurs que nos agents de l'étranger représentent avec trop de faste, et qu'ils pourraient faire aussi bien avec des traitements moindres?

Il faut, pour le bien du service, que les traitements ou les frais qui sont alloués par l'État aient pour résultat de placer nos ambassadeurs ou ministres sur un pied d'égalité avec les personnes au milieu desquelles ils sont destinés à vivre et à exercer leur action. (M. le duc de Broglie, ministre des affaires étrangères. Chambre des députés, séance du 22 février 1832.)

Voilà le principe, et de quelque façon qu'on s'y prenne pour régler les dépenses de notre représentation à l'extérieur, il est certain qu'il faut une somme fort considérable d'argent pour maintenir un état de maison qui facilite les relations qu'un ministre ou ambassadeur doit entretenir avec les grands dignitaires de la nation auprès de laquelle il se trouve accrédité, ainsi qu'avec les personnes les plus élevées par le rang et la fortune dans la capitale de chaque pays.

La commission n'a donc pas cru devoir s'arrêter aux critiques exposées ci-dessus, et elle vous propose d'accepter purement et simplement le chiffre du crédit présenté pour le chapitre 3.

CHAPITRE V

M. le ministre des affaires étrangères a demandé à la commission du budget de vouloir bien augmenter le montant de ce chapitre de la somme de 70,000 fr., dont la réduction a été opérée sur le chapitre 4.

Nous avons recherché quel était le chiffre atteint par les dépenses du chapitre sur les exercices précédents, et nous avons reconnu, pour les cinq dernières années, une moyenne de 475,000 fr., couverte au moyen des crédits supplémentaires que le gouvernement s'est trouvé obligé de demander aux Chambres.

En élevant ainsi de 330,000 à 400 000 fr. le crédit des frais d'établissement, votre commission a cru bien faire, car ce n'était qu'accepter la régularisation d'une ouverture de crédit presque toujours dépassée, et l'établir en meilleure concordance avec les dépenses normales.

Ce chapitre des frais d'établissement, disons-le puisque nous en avons l'occasion, donne souvent lieu à des observations de la part de certaines personnes, qui ne se rendent pas bien compte des dépenses qui sont imposées à l'agent pour son installation. On peut répondre que les frais d'établissement, représentent assez justement l'indemnité allouée aux militaires pour l'entrée en campagne. Il est évident qu'on ne peut éviter d'accorder cette rémunération, et qu'elle est parfaitement justifiée.

Quant au chiffre total que peuvent atteindre les frais de premier établissement, il est déterminé par les besoins du service, et dépend du nombre des mutations diplomatiques et consulaires qu'il appartient au ministre et au chef du gouvernement de faire et d'ordonner.

Une observation a été faite dans le sein de la commission, au sujet de l'acquisition par trente sixièmes des frais d'établissement alloués au moment de la nomination d'un agent à un poste politique.

Nous avons reçu l'assurance que tout ce qui doit revenir au Trésor rentre très-exactement dans les caisses de l'État, et que la situation des anciens agents diplomatiques se trouve parfaitement régularisée. Si tels n'étaient pas le soin et le zèle de la direction des fonds du ministère des affaires étrangères, on aurait encore pour garantie le contrôle de la Cour des comptes, qui, au moment de la vérification des comptes définitifs, réclamerait certainement les sommes qui n'auraient pas été reversées au Trésor.

La commission croit n'avoir rien à ajouter à propos du crédit demandé, et vous propose de voter le chapitre 5.

. . . .

MINISTÈRE DES AFFAIRES ÉTRANGÈRES

Budget de 1875

	francs.
Chap. 1. Traitement du ministre et personnel de l'administration centrale. . . .	649.200
Chap. 2. Matériel de l'administration centrale.	200.000
Chap. 3. Traitement des agents politiques et consulaires.	6.060.900
Chap. 4. Traitement des agents en inactivité.	190.000
Chap. 5. Frais d'établissement.	330.000
Chap. 6. Frais de voyages et de courriers.	670.000
Chap. 7. Frais de service.	1.800.900
Chap. 8. Présents diplomatiques.	40.000
Chap. 9. Indemnités et secours.	112.500
Chap. 10. Dépenses secrètes.	500.000
Chap. 11. Missions et dépenses extraordinaires et dépenses imprévues.	500.000
Chap. 12. Frais de location et charges accessoires de l'hôtel affecté à la résidence de l'ambassade ottomane.	52.000
Chap. 13. Subvention accordée à l'émir Abd-el-Kader.	150.000
Chap. 14. Dépenses des exercices périmés. .	Mémoire.
Chap. 15. Dépenses des exercices clos. . .	Mémoire.
Totaux.	11.255.500

OBSERVATIONS SUR CE RAPPORT

Quelques mots seulement sur les affirmations et les opinions dont M. de Rainneville se fait l'organe.

Au sujet de l'union des carrières diplomatique et consulaire, réclamée par la commission des services administratifs, le rapporteur affirme, « pour établir la vérité de la situation, qu'il est un préjugé que l'on doit combattre : c'est celui qu'ont certaines personnes qui se figurent que les deux services politique et consulaire établissent une séparation à peu près absolue entre les agents et les employés. » Il déclare « qu'en fait les hommes les plus capables passent indifféremment de l'un à l'autre service ; qu'ils échangent des grades de consuls contre des grades de secrétaires, et que l'on voit, d'autre part, beaucoup de secrétaires d'ambassade demander et recevoir des places de consuls. » — Nous regrettons d'avoir à répondre qu'en

fait, au contraire, des consuls ne sont devenus
secrétaires de légation que par exception fort rare,
car on en trouverait à peine quelques exemples.
Ajoutons que les règlements prévoient les conditions du passage de la carrière diplomatique à la
carrière consulaire, et sont absolument muets sur
les conditions de mutation inverse. M. de Rainneville allègue que la réforme demandée n'amènerait
guère « un résultat financier d'importance considérable. » C'est ce que nous avons reconnu, n'espé-
rant pas de profit en argent sur ce point, mais
considérant comme raison suffisante l'intérêt du
service public.

M. de Rainneville n'est pas frappé plus que nous
de la nécessité de fondre en une seule les directions
politique et commerciale. Mais au lieu de proposer,
comme nous l'avons fait, la création d'un secrétariat général pour connaître, unir et utiliser mieux
les deux personnels, et pour remédier à la scis-
sion qui sépare les deux services, il propose la
formation d'un conseil composé de tous les directeurs, qui échangeraient « chaque jour leurs renseignements sur les hommes et les choses. » Nous
nous permettrons, comme lui, de ne pas « nous
arrêter davantage sur cette idée, » le projet de
conciliabules quotidiens entre les directeurs de la

politique; du commerce, des archives et de la comptabilité ne nous paraissant pas destiné à produire
des résultats pratiques.

En ce qui touche les ambassadeurs et les ministres, M. de Rainneville nous assure « qu'ils économisent peu en général et ne mettent certainement
pas de côté le quart de leurs traitements. » En
admettant ce calcul, la somme que pourraient
« mettre de côté » certains agents dotés de 200 ou
250 millle francs par an ne serait pas trop mépri-
sable ; et nous admirons qu'on envisage avec tant
d'aisance des « économies » annuelles de 50 ou
60,000 francs que tel agent ferait sur les fonds
reçus par lui pour représenter dignement la France.
Ce chiffre, il est vrai, n'est guère égal qu'aux
appointements du ministre des affaires étrangères.
Mais nous nous obstinons à désirer que nos représentants reçoivent un traitement fixe proportionné
à l'importance de leur grade, augmenté seulement
des sommes jugées nécessaires et réellement dépen-
sées pour frais de représentation.

Quant aux frais d'établissement, M. de Rainneville, les considérant comme une sorte d'indemnité
d'entrée en campagne, les approuve d'un mot en
bloc. Mais les déplacements diplomatiques étant
beaucoup plus fréquents que les campagnes, cette

comparaison ne peut suffire à nous rassurer, non plus que la confiance de M. de Rainneville dans le contrôle de la Cour des Comptes pour arrêter les dépenses exagérées. Car la Cour des Comptes n'a d'autre rôle que de faire respecter les règlements, et ce sont précisément ici les règlements dont les effets peuvent être fâcheux. Aussi avons-nous exprimé le regret que les mutations des agents, et surtout des plus élevés, coûtent si cher au Trésor ; et nous avons demandé s'il était impossible que, pour les grandes légations, l'État se mît dans ses meubles, afin de n'avoir à payer que les frais de voyage à chaque nouveau titulaire.

Qu'il nous soit permis de souhaiter, en terminant, que les questions en partie tranchées par M. de Rainneville « au point de vue financier » soient étudiées dans leur ensemble et moins promptement jugées par l'Assemblée nationale.

Qu'elles soient, ou non, posées dans la prochaine discussion du budget, c'est surtout au nom de la réorganisation des services publics qu'elles doivent être résolues.

TABLE DES MATIÈRES

Imprimerie Mcôme (Bartmen d^r), rue J.-J.-Rousseau. 61